Stufenblätter für die Krippe

Das Arbeitsmaterial für die individuelle Entwicklungsplanung mit dem Portfolio

BANANENBLAU
Der Praxisverlag für Pädagogen

Stufenblätter für die Krippe
Das Arbeitsmaterial für die
individuelle Entwicklungsplanung
mit dem Portfolio

Herausgeberin
Antje Bostelmann
© Bananenblau UG (haftungsbeschränkt), Berlin
2. bearbeitete Auflage 2012
ISBN 978-3-942334-01-3

Autor
Michael Fink

Mit Unterstützung von
Agneta Zetterström, Helsingborg, Schweden

Titelfoto
creativeHunger / Fotolia

Fotos
Barbara Dietl

Gestaltung
Eleonora Weber

Lektorat
Katrin Reister, Erika Berthold, Benjamin Bell

Druckerei
Druckerei Uwe Nolte, Iserlohn
Gedruckt auf chlorfrei gebleichtem Papier

Verlag

Bananenblau UG (haftungsbeschränkt)
Der Praxisverlag für Pädagogen
Arkonastr. 45-49
13189 Berlin

Telefon: 030 477 96 0
Fax: 030 477 96 204
E-Mail: info@bananenblau.de
www.bananenblau.de

Stufenblätter für die Krippe

**Das Arbeitsmaterial für die
individuelle Entwicklungsplanung
mit dem Portfolio**

Inhalt

Vorwort

Antje Bostelmann   Michael Fink

In diesem Buch stellen wir Ihnen die Methode der „Individuellen Entwicklungsplanung" (IEP) vor, die Ihnen bei der pädagogischen Arbeit in der Krippe helfen soll. Ziel der Methode ist es, die pädagogische Planung stärker darauf auszurichten, Kinder unter Berücksichtigung ihrer Potenziale und entsprechend ihrem Lern- und Entwicklungstempo individuell zu fördern – eine in Bildungsprogrammen erhobene Forderung. Wir Pädagogik-Entwickler des innovativen Kindergarten- und Schulträgers KLAX lernten die Planung nach der IEP in schwedischen Kindergärten kennen und veränderten das System so, dass es zur Arbeit in unseren Einrichtungen passt. Die individuelle Förderung jedes Kindes stand in der KLAX-Pädagogik schon immer im Mittelpunkt. Unser Konzept geht vom Kind, vom zu bildenden und zu betreuenden Menschen aus. Wir nehmen das einzelne Individuum in den Blick und sehen es als unsere Aufgabe an, seine Entwicklung und Bildung zu unterstützen.[1]

Die Methode der IEP umfasst eine Reihe von Instrumenten, die bei verschiedenen Planungsanlässen in der Krippe genutzt werden können. Das wichtigste Instrument sind die *Stufenblätter*, auf denen die Entwicklung jedes Kindes – bezogen auf jeden Bildungsbereich – tabellarisch erfasst wird, um auf dieser Grundlage planen zu können.
Bei der Planung kommen vor allem zwei Instrumente zum Einsatz: Der *Lotusplan* ermöglicht es, eine bildungsbereichübergreifende, projektartige Monatsplanung zu entwerfen, die den Bildungszielen entspricht. Über die sachlichen Eintragungen in den Stufenlisten

hinaus belegen *Portfolios*, mit wie viel Freude und Stolz die Kinder jeden großen und kleinen Lernschritt absolvieren.
Schließlich enthält das Buch zahlreiche Formulare, die die Arbeit mit der IEP-Methode strukturieren.

Vor allem geht es uns darum, Einsichten zu vermitteln:
Die Einsicht, dass es unumgänglich ist, Kinder individuell zu begleiten, wenn wir der Tatsache gerecht werden wollen, dass jedes Kind sich vom anderen in vielerlei Hinsicht unterscheidet, obwohl ihre Lernwege sich ähneln mögen. Lange genug saß nicht allein unser deutsches Bildungssystem dem Irrglauben auf, es wäre möglich und sinnvoll, Bildungsangebote für den Durchschnitt zu entwerfen, quasi für Norm-Kinder.
Die zweite Einsicht ist auch eine persönliche Erfahrung: Es ist eine radikale Veränderung, wenn man sich der Methode der IEP bedient, statt auf die vertraute Art und Weise zu arbeiten, und es macht Mühe, vor allem zu Beginn des Veränderungsprozesses. Manchmal entstehen Unsicherheiten oder sogar Ängste – das haben wir durchaus gespürt, als wir das IEP-System bei KLAX einführten. Mittlerweile macht es aber Spaß, geht leicht von der Hand und vermittelt das gute Gefühl, der Individualität der Kinder wesentlich besser gerecht zu werden. Kurz: Es lohnt sich, sich auf den Weg zu machen und sich die Methode anzueignen. Dabei wünschen wir Ihnen viel Erfolg und würden uns freuen, wenn Sie uns von Ihren Erfahrungen berichten.

Antje Bostelmann und Michael Fink
Berlin, Februar 2010

---

[1]   Siehe auch: Bostelmann, Antje/Fink, Michael: Pädagogische Prozesse planen, umsetzen und evaluieren. Mannheim, 2007

„Vergleiche nie ein Kind mit einem anderen, sondern immer nur mit sich selbst." *J.H. Pestalozzi*

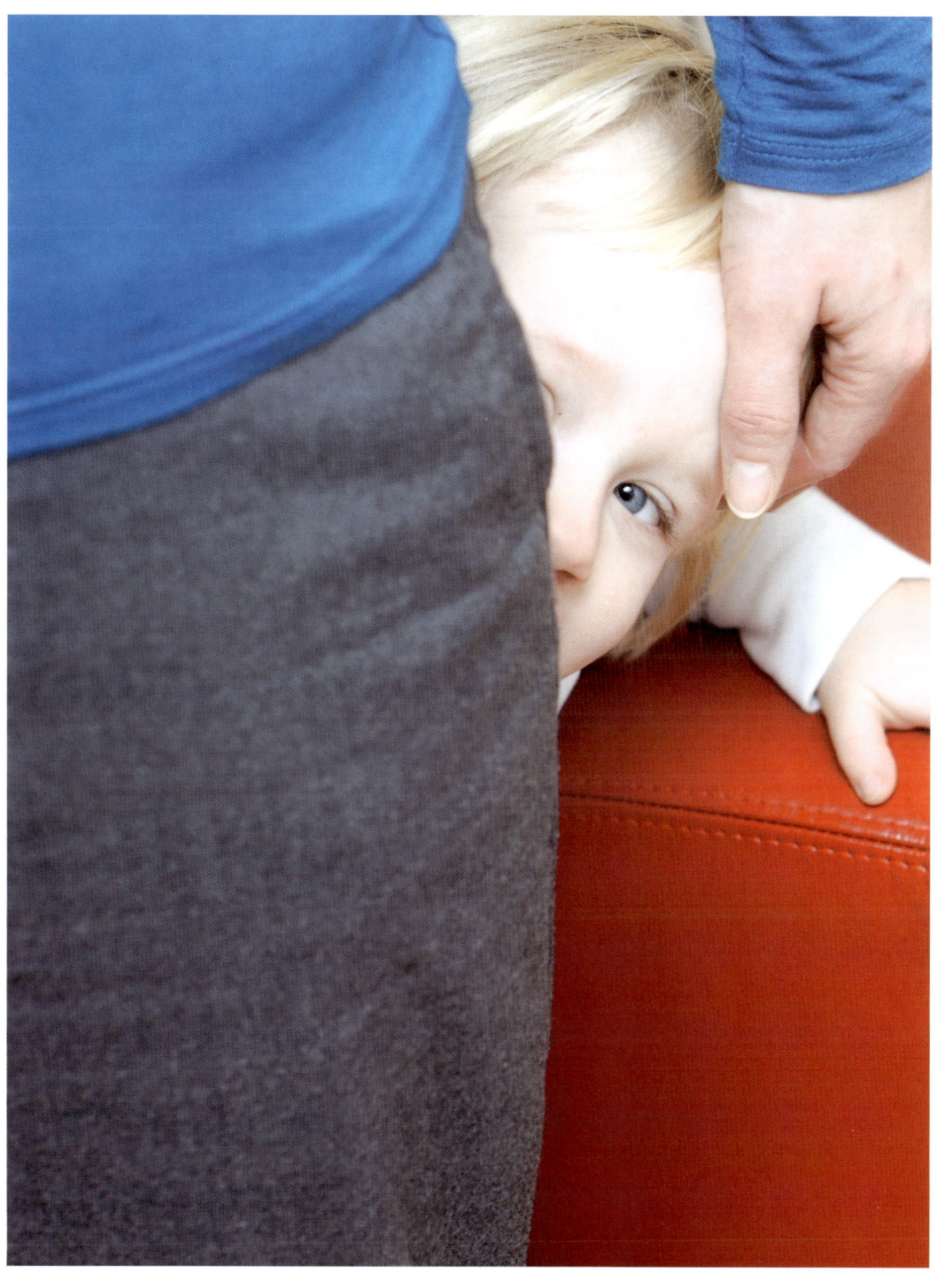

Entwicklung beobachten, begreifen und begleiten

„Muss ich mir Sorgen machen, weil mein Kind kaum spricht, während andere Kinder schon Geschichten erzählen?" Solche Fragen kennen Sie und wissen, dass Eltern sie aus Sorge stellen, ihr Kind könne sich – aus welchen Gründen auch immer – nicht schnell genug entwickeln. Ausgangspunkt der Sorge ist in der Regel der Vergleich mit Gleichaltrigen. Dieser Vergleich kann die Freude über die bisher als Erfolgsgeschichte erlebte Entwicklung des Kindes trüben.

Als das Kind noch zu Hause war, begrüßten die Eltern begeistert jeden neuen Entwicklungsschritt. Nun ist es in der Krippe, und die Eltern erleben plötzlich, dass sich auch andere Kinder rasant entwickeln und in bestimmter Hinsicht womöglich weiter sind. Vielleicht hat der eigene Sprössling auch einen Vorsprung auf einem bestimmten Gebiet, doch das wird nicht wahrgenommen, weil die fortgeschrittenere Sprachentwicklung anderer Kinder beeindruckt.

Was antworten Sie solchen besorgten Eltern? Gewiss, dass es gerade im Krippenalter wenig Sinn macht, Entwicklungsverläufe miteinander zu vergleichen. Sie sind von Kind zu Kind unterschiedlich und verlaufen sprunghaft. Wie schnell sich ein Krippenkind in einem bestimmten Bereich entwickelt, das hängt vor allem davon ab, wie intensiv es sich gerade mit bestimmten Aufgaben beschäftigen möchte. Anders als später in der Schule – wo alle Kinder gleichzeitig mit dem gleichen Lernstoff konfrontiert werden und man zumindest vergleichen kann, wie schnell sie ihn begreifen – haben wir es in der Krippe nicht mit dem gleichen Lernprogramm für alle zu tun: Klar, dass Leon früher laufen lernt als Lea, wenn er den ganzen Tag übt, aufrecht durch den Raum zu gehen, während Lea gerade intensiv versucht, kleine Dinge aufzuheben.

Jeder Mensch entwickelt sich nach seinem eigenen Plan. Also brauchen wir den Plan nicht zu kennen und müssen einem Kind auch keine gezielte Unterstützung anbieten?
Eine solche Schlussfolgerung verträgt sich nicht mit dem Anspruch unserer Pädagogik, jedem Kind beste Entwicklungsmöglichkeiten zu bieten. Das Gegenteil ist richtig: Weil jedes Kind der Gruppe sich nach eigenem Plan entwickelt und die Summe all dieser inneren Pläne so unüberschaubar ist, brauchen Sie Möglichkeiten, die Ihnen helfen zu überblicken, wer welchen Plan verfolgt und wer gerade an welchem Punkt steht.
Warum müssen Sie das wissen? Um die Eltern zu beruhigen, dass sich ihr Kind gut entwickelt? Sicher, aber erst in zweiter Linie. Vor allem müssen Sie das wissen, um die Kinder individuell fördern zu können.
Fördern klingt, als müssten Sie einem Kind helfen, etwas zu schaffen, das es aus eigener Kraft nicht erreichen kann. Gemeint ist vielmehr: Wenn Sie wissen, in welchem Bereich sich ein Kind gerade entwickeln möchte, können Sie ihm gezielt ein optimales Lernumfeld und die passende Begleitung bieten.
Weil Lea sich jetzt für das Aufheben kleiner Dinge interessiert, können Sie ihr – als zusätzlichen Anreiz – Reiskörner, Bohnen oder Konfetti in unterschiedlichen Varianten zum Verfeinern dieser Fähigkeit bereitstellen. Oder: Wenn Lea sich dem Laufen lernen, dem sich Leon gerade intensiv widmet, weiterhin verschließt, könnten Sie darüber nachdenken, welcher gezielte Anreiz dem Mädchen gut

täte. Vielleicht legen Sie die kleinen Dinge zum
Aufsammeln demnächst nicht auf den Boden,
sondern auf die Kante eines niedrigen Tischs,
damit Lea einen Anreiz hat, sich an der Kante
hochzuziehen?

Die Basis für eine solche Begleitung ist das
Wissen darüber, wo jedes Kind steht. Die in
diesem Buch vorgestellten Stufenlisten dienen
dazu, auf vergleichsweise unkomplizierte Art
Einblick in die aktuelle Entwicklungsstufe
jedes Kindes – bezogen auf unterschiedliche
Lernbereiche – zu gewinnen.

Um Vergleiche geht es dabei nicht. Ziel eines
Vergleichs wäre es, die Kinder einander durch
Fördermaßnahmen – die auch wie Bremsen
wirken können – anzugleichen: Lea soll aufhö-
ren, kleine Dinge mit Pinzettengriff zu fassen,
und laufen lernen, damit sie hinter Leon nicht
zurücksteht. Würde das ihrer inneren Lernmo-
tivation gerecht? Nein.

Die gute Absicht, *Stärken stärken* zu wollen,
bedeutet – auf beide Kinder bezogen: Jedem
Kind bei seinem Lernvorhaben zu helfen,
damit es aus dem Erlebnis, etwas angestrebt
und glücklich erreicht zu haben, so viel Stolz
gewinnt, dass es andere Aufgaben mit dem
gleichen Optimismus meistert.

Sehen lernen, was ein Kind gerade lernt, und
ihm die entsprechende Lernumgebung bieten
– vielleicht ist dies die wichtigste Aufgabe der
Erzieherinnen* in der Krippe. Die IEP-Methode
kann dabei helfen, denn sie liefert, was in der
Krippe oft fehlt: eine klare Struktur.

* Um den Lesefluss nicht zu behindern, haben wir im Fließtext mal die weibliche, mal die männliche Form gewählt.
  Es dürfen sich aber immer beide Geschlechter angesprochen fühlen.

Große Ziele in kleinen Schritten erreichen

Orientierungsplan, Bildungsprogramm oder Empfehlung: In allen deutschen Bundesländern gibt es Curricula, die beschreiben, welche Kompetenzen ein Kind in Krippe und Kindergarten erwerben soll. Im Grunde beschreiben sie ein Ziel, das wir vom ersten Tag eines Kindes in der Krippe im Auge behalten müssen: Alles, was im Bildungsprogramm oder Orientierungsplan an Kompetenzen aufgelistet ist, soll sich das Kind in den nächsten Jahren aneignen.

Doch ein Bildungsprogramm ist kein Fahrplan, dem man nur folgen muss, um das Ziel – umfassend und ganzheitlich gebildete, schulfähige Kinder – zu erreichen. Wer garantiert, dass ein Kind all das, was im Bildungsprogramm steht, auch wirklich lernt? Wie werden aus Zielen reale Lern-Erlebnisse? Kann man garantieren, dass solche Erlebnisse nachweisbar eintreten?
Gerade in Bezug auf die Krippe spielt die Frage, ob bestimmte Ziele durch pädagogische Arbeit nachweisbar erreicht werden, bisher kaum eine Rolle. Das hat wahrscheinlich damit zu tun, dass sich Kinder in diesem Alter ohnehin nach einem inneren Plan zu entwickeln scheinen. Warum also Ziele von außen an sie herantragen? Kann man nicht davon ausgehen, dass sie sich in den Krippenjahren das, was sie brauchen, in eigener Regie aneignen, wenn der Rahmen einigermaßen förderlich ist?

Dieser Gedanke ist nicht von der Hand zu weisen. Dennoch bleiben Fragen offen: Was

bedeutet es, wenn Krippenkinder auf wesentlichen Lernfelder zurückbleiben, weil wir nicht merkten, dass sie unsere Unterstützung brauchten? Und was passiert, wenn wir in unserem Bemühen, einen Rahmen für die allseitige Entwicklung zu schaffen, bestimmte Themen übersehen, weil sie für uns subjektiv weniger wichtig sind? „Mir liegt Musik nicht", sagt eine Erzieherin, und ganz gewiss ist es auch so. Aber das kann kein Grund sein, der Kindergruppe, die sie betreut, musikalische Erfahrungen vorzuenthalten.
Nein, der innere Plan der Kinder muss durch einen äußeren Plan, der ihnen einen anregenden Rahmen schafft, ergänzt werden. Gerade weil Krippenkinder so selbstgesteuert lernen wie später niemals mehr, brauchen wir ein Instrument, um einen strukturierten Blick auf diese chaotischen Entwicklungsverläufe werfen zu können.

Was ist ein Plan eigentlich?

Charakteristisch für viele Formen von Plänen ist, dass etwas Großes in praktisch handhabbare Einheiten verkleinert wird. Die unübersichtliche Stadtlandschaft wird auf dem Stadtplan plötzlich überschaubar und wir können uns orientieren. Ein Fahrplan bringt zeitliche Übersicht in den Ablauf einer Reise – Fahrer, Fahrgäste und das Stationspersonal können sich daran orientieren: anhalten, Signal schalten, einsteigen, abfahren.
Ein Arbeitsplan zerlegt eine bevorstehende Handlung in überschaubare Schritte, die wir

nacheinander ausführen können, um ans Ziel zu gelangen. Wie der Fahrplan dient er dazu, sich mit vielen Beteiligten auf ein abgestimmtes Vorgehen zu einigen. Genau deshalb braucht auch die Begleitung von Bildungs- und Entwicklungsprozessen einen Plan: Pädagoginnen, Eltern und Kinder sind daran beteiligt. Unsere Aufgabe ist es, darauf zu achten, dass die Kinder – über viele Stationen hinweg – schließlich am Ziel ankommen.

Die Instrumente der Entwicklungsbegleitung, die wir in diesem Buch vorstellen, dienen dazu, die Entwicklung von Krippenkindern planvoll zu begleiten: „Alles läuft bei uns nach Plan." Dieser Satz klingt verdächtig. Ist damit etwa gemeint, dass die individuellen Unterschiede der Kinder, ihre Entwicklungssprünge und die Vielfalt ihrer Themen untergehen, weil alles Handeln nach einem festgelegten Plan ausgerichtet wird?

Im Gegenteil: Geplantes Vorgehen, wie es die IEP-Methode ermöglicht, schafft ein Raster, mit dessen Hilfe wir individuelle Lernwege wahrnehmen und unterstützen können. Auch wenn der Gedanke ungewöhnlich erscheint: Um individuelles Lernen zu begleiten, braucht man mehr Struktur als für kollektive Lernformen. Das ist auch logisch: Wer nach dem Prinzip „Alle lernen das Gleiche" arbeitet, braucht viel weniger Übersicht als derjenige, der mit seinen Impulsen viele verschiedene Lernwege in Gang setzen will.

IEP und die Zusammenarbeit mit Eltern

Vom Verstehen zum Mitgestalten: Die Stufenblätter helfen Eltern zu verstehen, was ihre Kinder jetzt können und worauf sie als nächstes zusteuern.

Manche Eltern vertrauen dem naturgegebenen Entwicklungsbedürfnis ihres Kindes und der Professionalität der Erzieherinnen. Das ist auch in Ordnung, denn Eltern haben das Privileg, die Entwicklung ihres Kindes intuitiv und ohne Zielplan zu begleiten.

Anderen Müttern und Vätern reicht das nicht. Sie fühlen sich verpflichtet, an der Erfüllung der Aufgabe, die Entwicklung ihres Kindes zu fördern, aktiv mitzuwirken. Diesen Anspruch sollten Sie positiv bewerten, auch wenn er Ihren Arbeitsalltag nicht immer erleichtert. Die Aufgabe, das eigene Kind gezielt zu fördern, verlangt nicht nur den guten Willen der Eltern, sondern auch Fachwissen über die Bedürfnisse von Kleinkindern. Oft erleben wir, dass Eltern ihr Kind – weil sie ihm bestmögliche Förderung zukommen lassen wollen – in pädagogisch unsinnige Kurse geben oder es mit nicht altersgemäßen Bildungsthemen konfrontieren. Meist steckt elterliche Hilflosigkeit dahinter, wenn die Zweijährige Englisch lernen oder Ballett tanzen soll, statt genug Zeit und gutes Material zum Spielen zu bekommen. Auch wenn Eltern – in Unkenntnis über den Wert des kindlichen Spiels – kritisieren, dass Bildungsangebote in der Krippe fehlen: Sie wollen etwas Gutes für ihr Kind tun, wissen aber nicht, wie und was, denn sie sind keine Fachleute.

Auf Mütter und Väter bezogen, könnte man die Arbeit nach dem IEP-Konzept fast als eine Art Elternschule bezeichnen. Auf den Stufenblättern finden Eltern eine Menge kleiner Schritte – kleine Entwicklungsziele. Weil die Blätter aufeinander folgen, merken sie, dass die scheinbar banalen Lernschritte in den ersten Jahren das Fundament einer späteren Kompetenz darstellen.

Genau darauf kommt es an: Eltern sollen verstehen, dass man den wichtigen Prozess des Schriftspracherwerbs nicht fördert, indem man schon Einjährigen Buchstaben beibringt, sondern dass das Malen, das Erzählen von Geschichten und das Verstehen einfacher Piktogramme wichtige Vorläuferfähigkeiten sind, die spätere Lernprozesse ermöglichen und erleichtern. Die Blätter zeigen: Erst müssen Kinder die unteren Stufen erklimmen, um auf dem nächsten Absatz neue Ziele ansteuern zu können.

Elternschule nach dem IEP-Konzept: Wie kann das aussehen?

Wichtig ist, dass Sie zunächst Ihre Planungsmethoden offenlegen und kommunizieren. Die Stufenblätter sind kein einrichtungsinternes Arbeitsinstrument, in das Sie den Eltern nur gelegentlich und auf Anfrage Einblick gewähren. Schon beim Aufnahmegespräch können sie benutzt werden, um das Kind kennenzulernen: Was kann es, wo steht es?

Einblick erhalten die Eltern am besten, wenn
Sie ihnen Erfahrungsmöglichkeiten verschaffen:
Geben Sie ihnen einen Satz Stufenblätter mit,
damit sie – wenn sie möchten – ihre Einschätzungen über den Entwicklungsverlauf des Kindes
festhalten können. Beim Elterngespräch können
beide Einschätzungen verglichen werden, und ein
interessanter Austausch kommt in Gang.

Es sind nicht die Blätter allein, die Sie offenlegen
sollten. Die Kompetenzen auf diesen Blättern
benennen Ziele, und Sie können die Wege
beschreiben, auf denen sich Kinder den Zielen
nähern. Was müssen Kinder erproben dürfen,
welche Materialien müssen sie als Spielgeräte vor-
finden, um sich die Kompetenz „Du kannst sicher
mit Messer und Gabel essen" Schritt für Schritt
anzueignen? Was tun Sie, damit die Kinder diese
Ziele erreichen? Und was könnten die Eltern sich
abschauen?

Die Antworten auf diese Fragen stecken in den
verschiedenen Formen der Dokumentation. Sie
können zeigen: Dieses Bildungsangebot oder jenes
Spiel führen wir gerade durch, um diese oder jene
Kompetenz anzubahnen.

Folgendermaßen lässt sich das sichtbar machen:
Alle pädagogischen Planungen – auch der
Lotusplan, der in diesem Buch vorgestellt wird
– werden ausgehängt. Ziel-Plakate, auf denen
festgehalten wird, welche Ziele im Monat oder in
der Woche gerade im Mittelpunkt stehen, werden
ebenfalls präsentiert, einschließlich der Information, was Sie dafür tun oder getan haben, damit
die Kinder sich den Zielen nähern.

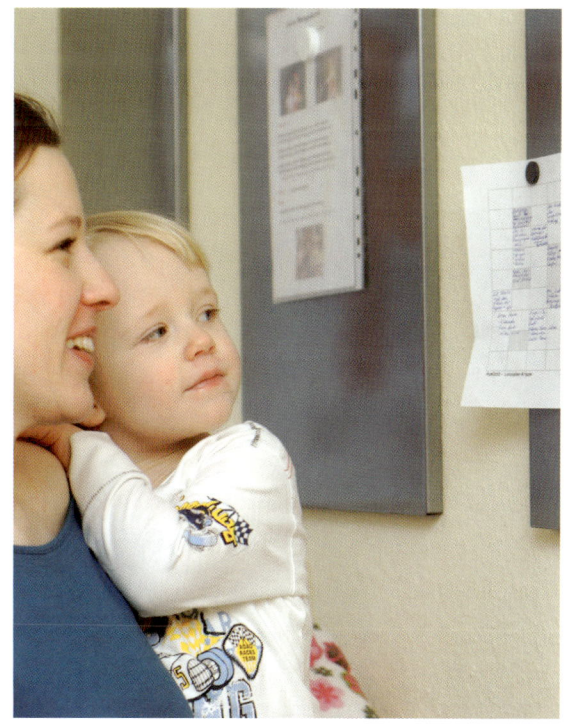

Planen, tun, auswerten, handeln: Der Kreislauf des Lernens

Modelle sind ein Weg, um alltägliche Abläufe durch Abstraktion verstehbar zu machen. Um Bildungsprozesse verstehen zu können, entwickelten Wissenschaftler das Modell des PDSA-Kreises. Er dient dazu, die oft unüberschaubaren Prozesse des Planens der Pädagogen und des Lernens der Kinder in Schrittfolgen zu gliedern, um sie betrachten zu können. Im Folgenden werden wir zu den einzelnen Phasen des Prozesses Werkzeuge vorstellen, die Ihnen helfen, Bildungsprozesse planvoll zu gestalten.

PDSA steht für die Phasen des Prozesses: plan, do, study, act.

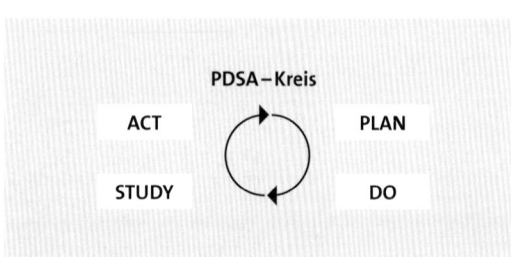

Nach dem PDSA-Kreis gestaltete Lernprozesse durchlaufen vier Phasen:
- In der plan-Phase werden sie geplant. Aufgrund von klar definierten Lernzielen werden Bildungsangebote entwickelt.
- In der do-Phase findet das Bildungsangebot statt. Die Lernenden eignen sich neue Kenntnisse an; die Pädagogen begleiten sie dabei.
- In der study-Phase wird systematisch überprüft, welche Ergebnisse die Bildungsangebote brachten.
- In der act-Phase werden aufgrund der Ergebnisse der vorausgegangenen Überprüfung neue Ziele festgelegt.

Wodurch unterscheidet sich das Lernen nach dem PDSA-Kreis von bisher üblichen Formen des Lernens? Meist kommt die study-Phase in Krippe, Kindergarten und Schule zu kurz, denn wir sind es gewohnt, neue Bildungsangebote zu entwickeln, ohne zuvor auszuwerten, was die vorherigen Lernangebote bei den Lernenden bewirkten. Zwar nutzt die Schule fragwürdige Methoden wie Tests und Klassenarbeiten zur Überprüfung des Gelernten, in der klassischen Krippe hingegen fällt diese Phase aus: Es ist nicht üblich, den Effekt von Bildungsangeboten auszuwerten. Es ist nicht Routine, neue Ziele immer erst aufgrund dieser Auswertung festzulegen.

Die IEP-Methode bietet für alle vier Phasen des Lern-Kreislaufs Instrumente an. Bevor wir sie in den folgenden Kapiteln detailliert beschreiben, sollen sie im Zusammenhang mit dem PDSA-Kreis dargestellt werden:

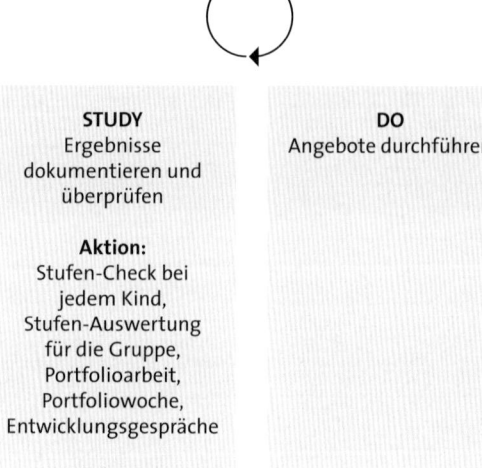

Entwicklung in Bildungsbereichen erfassen

Obwohl Kleinkinder im Zusammenhang lernen, haben wir verschiedene Bildungsbereiche definiert, die jeweils in einem Satz Stufenblätter abgebildet werden. Das erhöht die Anschlussfähigkeit der Blätter: Es ist möglich, die Arbeit mit den Stufenblättern im Kindergarten- und sogar im Schulalter fortzuführen. Doch vor allem schafft die Einteilung in Bildungsbereiche Struktur, um einzelne Schritte des Kompetenzerwerbs in der Vielfalt kindlicher Lernprozesse besser erkennen zu können.

Mit Hilfe der Stufenblätter können Sie Ziele für Ihre Bildungsarbeit entwickeln. Natürlich werden Ziele im Bereich „Bewegung" nicht nur mit Bewegungsangeboten erreicht und Ziele im Bereich „Atelier" nicht nur mit gezielten Malangeboten. Krippenkinder lernen ganzheitlich, und die beste Lernsituation ist ohnehin das Spiel, das keinerlei Trennung in Bildungsbereiche erlaubt. Deshalb sollten die in den Stufenblättern genannten Ziele – unabhängig von Bildungsbereichen – als Anreize oder Impulse verstanden werden, die das Spiel der Kinder bereichern.

Atelier

Menschen hinterlassen Spuren – sei es aus Versehen oder ganz bewusst. Gerade kleine Kinder erleben sich dabei als Handelnde: Sie können etwas bewirken und lernen unterschiedliche Materialien kennen.
Neben festen, kaum veränderlichen Materialien gibt es solche, die sich verformen, verschmieren und zerkneten lassen. Es fühlt sich gut an, diese Dinge zu berühren. Es ist interessant, sie zu verformen und sich dabei zuzuschauen.

Materialien haben verschiedene Festigkeiten. Dementsprechend verhalten sie sich physikalisch unterschiedlich: Wässerige Substanzen zerfließen oder tropfen, festere lassen sich dick auftragen oder nur mit großer Körperkraft verformen. Es ist interessant, damit Spuren zu hinterlassen. Man kann erstaunliche Effekte erzielen, zum Beispiel Farbeffekte. Außerdem ist es möglich, Spuren so gezielt zu hinterlassen, dass man dadurch etwas von dem wiedergeben kann, was man gesehen hat, oder dass andere Menschen etwas Bestimmtes darin erkennen.

Bewegung

Es gibt Wege, um den Ort zu verlassen, an dem man ist. Es gibt Wege, um Dinge zu holen oder wegzubringen. Es gibt Handlungen, die man mit kräftigen Bewegungen ausführen muss, und solche, für die man feine Bewegungen braucht.
Bewegungen können Spaß machen. Bewegt man seinen Körper schnell, langsam, rhythmisch oder kreisend, kann man angenehme oder merkwürdige Erfahrungen machen. Beim Erlernen von Bewegungen merkt man, wie man lernt: Man möchte etwas tun, schafft es noch nicht, doch durch stetiges Üben gelingt es schließlich – und zwar immer besser.
Probiert man aus, welche Bewegungserfahrungen möglich sind, lernt man seinen Körper kennen – auch im Vergleich zu den Körpern anderer Menschen: Alles an mir hat eine Funktion; alles an mir hat eine Bezeichnung. Unterschiedliche Berührungen an meinem Körper führen zu unterschiedlichen Gefühlen. Ich kenne angenehme Gefühle, weiß aber auch, was weh tun kann.

Universum

Obwohl sie unterschiedlich sind, verhalten sich die Dinge, die einen Menschen umgeben, mitunter ähnlich, wenn er eine bestimmte Handlung an ihnen vornimmt. Für (fast) alle Dinge der Umwelt gilt:

- Dinge lassen sich unsichtbar machen, wenn man sie aus dem Blickfeld räumt, aber sie existieren fort und sehen nach dem Verschwinden aus wie zuvor.
- Dinge lassen sich transportieren. Selbst wenn sie an einem anderen Ort anders aussehen, bleiben sie im Grunde gleich.
- Dinge lassen sich mit anderen Dingen verbinden. Manchmal geht das leicht, manchmal ist es schwer. Zusammengesetzte Dinge lassen sich wieder trennen und in Einzelteile zerlegen.
- Dinge setzen sich abwärts in Bewegung, wenn man sie fallen lässt. Je nachdem, wie schwer sie sind, fallen sie langsamer oder schneller, mit lautem oder leisem Geräusch, aber (fast) alles landet unten.
- Dinge sehen anders aus, wenn sie sich bewegen. Beim Fallen oder Rotieren scheinen sie (fast) unsichtbar zu werden. Wenn sie sich schnell bewegen, verändert sich ihre Schwere – sie bekommen Schwung.

Sprache

Es gibt Wege, dem anderen Menschen etwas mitzuteilen. Anfangs war es möglich, besonders vertrauten Erwachsenen etwas mitzuteilen und verstanden zu werden. Jetzt kann man anderen Menschen im Spiel sogar das mitteilen, was man sich nur vorstellt – weil man Worte gelernt hat, die die anderen auch kennen. Gerade im Miteinander gibt es viele Situationen, in denen Worte zu verstehen helfen, warum jemand etwas Bestimmtes macht. Außerdem merkt man, dass Worte Gefühle, Bilder und ganze Geschichten erzeugen können.

Gesten können Botschaften ebenso übermitteln wie Zeichen und Bilder. Die Zeichen, die in der Umwelt zu finden sind, haben in der Regel eine klare Bedeutung. Es ist wichtig, dass man sie versteht.

Musik

Es gibt viele Klänge: laute und leise, angenehme und unangenehme. Mit dem, was man tut, kann man verschiedene Klänge erzeugen. Fast alle Dinge kann man zum Klingen bringen, und sie hören sich – je nach Material – unterschiedlich an.

Musik kann man mit dem ganzen Körper erfahren. Sie berührt auf vielfältige Weise und fordert auf, sich zu bewegen, sich ihrem Rhythmus anzuvertrauen. Musik kann Gefühle verändern: Sie kann heiter oder traurig, zart oder gefährlich klingen. Es ist eine schöne Erfahrung, mit anderen Menschen Musik zu machen, zum Beispiel gemeinsam zu singen.

Mathematik

Man kann Gegenstände oder Menschen nach der Größe vergleichen. Von vielen Dingen gibt es mehrere ähnliche oder fast gleiche Versionen. Es gibt große und kleine Mengen.

Auch unterschiedliche Dinge können einander ähnlich. Sie können gleiche oder verwandte Farben und Formen haben.

Das Instrument: Stufenblätter

Die Stufenblätter sind der Kern der IEP-Methode. Mit Hilfe dieser Listen von Kompetenz-Zielen ermitteln Sie, wo jedes einzelne Kind in Bezug auf den Erwerb all der Kompetenzen steht, die Sie vermitteln wollen. Tun Sie das kontinuierlich, verfolgen Sie also regelmäßig, auf welchem Stand jedes Kind ist, erhalten Sie die entscheidende Grundlage für die Planung von Bildungsangeboten: Sie kennen den Bedarf.

So sind die Stufenblätter aufgebaut: Zu allen Bildungszielen der Krippe haben wir Stufen definiert, die bis zum vollständigen Erwerb einer Kompetenz normalerweise passiert werden. Ein Beispiel: Bevor ein Kind laufen lernt, lernt es, sich im Liegen umzudrehen. Eine weitere Stufe ist erreicht, wenn es sich aufstützt. Danach bewegt es sich robbend fort. Als eine der letzten Stufen könnten wir die Fähigkeit bezeichnen, frei zu stehen.

Wozu sollen Sie erfassen, auf welcher Stufe ein Kind zum Beispiel im Prozess des Laufenlernens gerade steht? Aufgrund dieser Einstufung können Sie jedem Kind die optimale Hilfestellung geben: Ein Kind, das vor der Stufe des Krabbelns steht, braucht nämlich andere Anreize und eine andere Materialumgebung als ein Kind, das eben lernt, aus dem Stand den ersten Schritt zu tun.

Auf den Stufenblättern finden Sie solche Abfolgen, an deren Ende immer der Erwerb einer Kompetenz steht, nach Bildungsbereichen sortiert. Jedes Stufenblatt eines Bildungsbereichs beschreibt mehrere parallel verlaufende Entwicklungslinien. Auf diese Weise vermeiden wir, dass allzu viele Stufenlisten entstehen und die praktische Arbeit erschweren.

Kombiniert man die Entwicklungslinien pro Bildungsbereich, entsteht das Abbild einer Entwicklungsstufe: Ein bestimmtes Stufenblatt – zum Beispiel Blatt 2/Atelier – beschreibt also Entwicklungsstände eines Kindes in Bezug auf das Erreichen mehrerer unterschiedlicher Kompetenzen.

Erfahrungsgemäß treten Entwicklungsstände ungefähr gleichzeitig auf: Wer gerade gelernt hat, mit Stiften oder Kreiden Striche, Kritzel oder andere Spuren zu erzeugen, erwirbt meist im gleichen Entwicklungsalter die Kompetenz, auf Ton formend einzuwirken oder Bausteine erfolgreich zu stapeln.

Das heißt aber nicht, dass es bei einzelnen Kindern nicht auch ganz anders ablaufen kann: In Bezug auf gestalterische Kompetenzen ist Annika vielleicht schon auf Stufe 2, während ihr Interesse, mit Bausteinen etwas Konkretes bauen zu wollen, noch Stufe 1 entspricht.

Botschaft der Stufenblätter
Die meisten Kompetenzen, die Kinder erwerben, erarbeiten sie sich nicht in einem Schritt, sondern in vielen Einzelschritten. Es ist gut, wenn die Begleiter des Kindes wissen, auf welcher Stufe es steht, weil sie ihm damit helfen können, den nächsten Teilschritt zu bewältigen.

Stufe 10

...

Stufe 9

...

Stufe 8

...

Stufe 7

...

Stufe 6

Ich kann in der richtigen Reihenfolge über eine Geschichte oder Erlebtes berichten.
Ich kann Reime erfinden.
Ich kenne ein Gedicht.
Ich kann geheime Schrift erfinden.
Ich erkenne meinen Namen an der Buchstabenreihenfolge.
Ich kann einzelne Buchstaben zeichnen und wiedererkennen.

Stufe 5

Ich kann über mich berichten.
Ich kann vor anderen Kindern sprechen.
Ich verstehe kurze und einfache Geschichten.
Ich verstehe Piktogramme.

Stufe 4

Ich kann mit Worten Gefühle ausdrücken.
Ich sage beim Spielen, was ich gerade tue.
Ich mache Sprachquatsch.
Ich kann zuhören, wenn jemand vorliest.
Ich kann einer mehrschrittigen Aufforderung folgen.

Stufe 3

Du beginnst unbewusst, den Regeln der Grammatik zu folgen.
Du teilst dich anderen Menschen mit, ohne ein Gespräch zu erwarten.
Du sprichst in Dreiwortsätzen.
Du kannst einfache Aufforderungen verstehen und ausführen.
Du beginnst dich für Reime und kurze Gedichte zu interessieren.

Stufe 2

Du machst dich mit einfachen Wörtern verständlich.
Du sprichst Zweiwortsätze.
Du kannst bekannte Gegenstände in deiner Lautsprache benennen.

Stufe 1

Du drückst dich mit deinem Körper aus.
Du äußerst dich mit Lauten und benutzt verschiedene Vokale.
Du ahmst Worte nach.
Du verstehst den Zusammenhang zwischen gezeigten Gegenständen und gesprochenen Worten.

Der Stufen-Check

Die Stufenblätter heften Sie im Portfolio-Ordner jedes Kindes ein. So ist es möglich, dessen Entwicklung anhand gezielter Beobachtungen und gesammelter Informationen auf den Stufenblättern zu verfolgen. Das setzt voraus, ein Ritual dafür entwickelt zu haben, wann man die Eintragungen vornimmt. Je mehr es zur alltäglichen Praxis wird, die Entwicklungsstände der Kinder auf den Blättern zu erfassen, desto differenzierter können Sie im pädagogischen Alltag auf die individuellen Bedürfnisse der Kinder eingehen: Schließlich sind Sie sich sicherer als früher, was die Kinder gerade beschäftigt, was sie lernen möchten und welche Hilfe sie gebrauchen könnten.

Handlungs-schritt:	Einschätzung, auf welcher Stufe das Kind steht
Ziel:	Wir ermitteln, auf welchem Stand der Kompetenzerreichung jedes Kind in allen Bildungsbereichen steht.
Termin:	monatlich / vierteljährlich In jedem Fall zum Ende eines Halbjahres
Aktionsform:	Einzelarbeit der Bezugspädagogen des Kindes
Nötige Unterlagen:	Portfolio-Ordner Stufenblatt im Portfolio des Kindes

Wer trägt ein, und wann ist es am günstigsten?

Die Aufgabe, auf den Stufenlisten einzutragen, welche Kompetenzen die Kinder hinzugewonnen haben, sollte in der Regel im Aufgabenbereich der Bezugserzieherin liegen, die das Kind am besten kennt und einschätzen kann. Arbeiten Sie in einem Fachspezialisten-Team, in dem jede Kollegin für einen bestimmten Bildungsbereich zuständig ist, kann es sinnvoll sein, dass jede Fachfrau die Entwicklung aller Kinder einschätzt – bezogen auf ihren Bildungsbereich.

Wann werden die Listen aktualisiert?

Die Listen zu aktualisieren braucht Zeit. Immer dann einzutragen, wenn ein Kind eine Kompetenz gerade erreicht hat – das ist im Alltag schwer möglich. Andererseits besteht die Gefahr, dass Beobachtungen vergessen werden. Deshalb ist es günstig, sich einen monatlichen Termin freizuhalten, an dem Sie Ihre Listen überprüfen und aktualisieren. Spätestens vor einem Elterngespräch sollten Sie das Portfolio des betreffenden Kindes durchsehen und die Stufenliste auf den neuesten Stand bringen.

Was wird in die Spalte „Einschätzung" eingetragen?

Im Feld hinter der jeweiligen Kompetenz können Sie vermerken, ob ein Kind sich bereits mit dem Erwerb der Kompetenz beschäftigt oder schon über sie verfügt. Dazu empfiehlt es sich, eines der folgenden Kürzel zu verwenden: W bedeutet „Ist auf dem Weg", K steht für „Kann es". Keine Eintragung heißt: Das Kind beschäftigt sich noch nicht mit dem Erwerb der Kompetenz. Zusätzlich zum Kürzel tragen Sie das Datum (Monat/Jahr) ein, an dem Sie die Einschätzung vorgenommen haben.

Wann wird ein K eingetragen, wann ist ein W angebracht?

Das ist oft nicht leicht zu entscheiden. Unsere Grundregel lautet: K bedeutet, dass die Stufe sicher erreicht wurde. Das Kind beherrscht die Kompetenz, die vermerkt ist, nicht nur ab und zu, sondern sicher.

Ein Beispiel: Sara fährt das erste Mal Dreirad, eine Strecke von wenigen Metern. Sollen Sie jetzt ein K eintragen? Nein, das wäre zu früh. Zwar ist Sara stolz, dass sie einmal geschafft hat, was sie schon länger übt. Aber sicher beherrscht sie die Kompetenz noch nicht. Bei jedem Versuch ist offen, ob es auch klappt. Das wird deutlich, wenn Sara plötzlich mit den Pedalen nicht zurechtkommt.
Das W ist auch aus folgendem Grund angebracht: Es belegt, dass Sara sich auf den Weg gemacht hat, aber noch Begleitung und Zeit zum Üben braucht.
Ein K können Sie eintragen, wenn Sara so gut Dreirad fährt, dass sie die Kompetenz jederzeit vorführen kann. K heißt: Der Kompetenzerwerb ist so weit abgeschlossen, dass Sie das Kind in dieser Sache nicht mehr fördern müssen. Solange Sara Begleitung gut tut, ist sie auf dem Weg.

58

Stufenblatt Bewegung / Stufe 2

Name: _____   Jahr: _____

Nr.	Kompetenz	Einschätzung	Beweis
1	Du kannst mit beiden Beinen springen.		
2	Du kannst Dreirad fahren.		
3	Du kannst Treppen im Wechselschritt hoch und runter steigen.		
4	Du kannst bei Spielen Bewegungsabläufe nachahmen.		
5	Du kannst einen Ball über kurze Entfernung werfen und fangen.		
6	Du kannst dein Gleichgewicht beim Balancieren halten.		
7	Du kannst gezielt pusten.		
8	Du kannst Wasser sicher in eine Tasse eingießen.		
9	Du kannst wichtige Körperteile benennen und zeigen.		
10	Du weißt, was Junge und Mädchen unterscheidet.		

Dieses Stufenblatt wurde am _____ erreicht.

Unterschrift Erzieher/in: _____   Unterschrift Kind: _____

Wozu dient die Spalte „Beweis"?

Haben Sie ein K eingetragen, können Sie in der Beweis-Spalte notieren, woran Sie festgestellt haben, dass das Kind eine Kompetenz erworben hat. Es geht nicht darum, Ihre Einschätzung wortwörtlich zu belegen. Vielmehr soll die kurze Notiz Sie daran erinnern, in welcher besonderen Situation die Kompetenzsicherheit beobachtet wurde – auch, um dem Kind oder den Eltern später davon berichten zu können. Außerdem kann die Spalte genutzt werden, um darauf zu verweisen, ob die erreichte Kompetenz auch im Portfolio festgehalten wurde: Tragen Sie ein P ein, dann wurde das Erreichen der Stufe mit einem Lernbeweis-Blatt (Geschafft! Gelernt!) dokumentiert. Das ermöglicht Übersicht.

Was tun, wenn man unsicher ist, ob ein Kind etwas wirklich schon kann?

Sehen Sie die Stufenlisten regelmäßig durch, kann sich herausstellen, dass Sie ein Kind in bestimmter Hinsicht genauer beobachten möchten, um sich zu vergewissern, ob zutrifft, was auf dem Stufenblatt abgefragt wird. Natürlich ist es sinnvoll, dies in der Liste zu vermerken – vielleicht mit einem Bleistift-B für Beobachten, das sich ausradieren lässt, wenn Sie die Beobachtung durchgeführt haben. Eventuell hilft Ihnen auch eine Liste mit Beobachtungsaufgaben, die Sie systematisch abarbeiten können. (*Siehe: Blatt „Näher beobachten!", S.78*)

Wozu dient das Kriterienblatt?

Mit Hilfe des Kriterienblatts lässt sich besser einschätzen, was mit der jeweiligen Kompetenz gemeint ist. Es kann sinnvoll sein, zusätzlich eigene Kriterien festzuhalten und in eigene Blätter aufzunehmen.

Was bedeutet die Einschätzung W oder K für das aktuelle Handeln?

Keine Eintragung heißt: Das Kind scheint sich nicht mit dem Erwerb der Kompetenz zu beschäftigen. Vielleicht braucht es einen Impuls.
W heißt: Jetzt ist sicherlich der richtige Moment, um das Kind zu fördern.
K bedeutet: Auf zu neuen Herausforderungen, denn in Bezug auf die Kompetenz gibt es nichts mehr zu tun. Außer: ein dickes Lob für den Lernschritt.

Sollten alle Listen abgeheftet werden? Also auch Listen zu Kompetenzen, die das Kind erst Jahre später erwirbt?

Besser nicht, denn es ist am Anfang eines Entwicklungsprozesses nicht motivierend, auf viele leere Seiten zu blicken. Das Stufen-Modell sieht ohnehin vor, dass eine Stufe in der Regel vollständig absolviert wird, bevor die nächste in Angriff genommen wird. Sie sollten also immer nur die aktuelle Liste sowie die folgende abheften – und natürlich die bereits vollendeten.

Wann kann man davon sprechen, dass eine Stufe abgeschlossen ist?

Es ist wichtig, das zu klären, denn für die Auswertung des Standes der Gesamtgruppe brauchen Sie für jedes Kind die Zahl der Stufe, auf der es in den einzelnen Bildungsbereichen steht. Folgende Regelung ist sinnvoll: Wurden mehr als 80 Prozent aller Ziele auf der Liste erreicht, betrachten Sie eine Stufe als bewältigt.
Ein Beispiel: Lea hat alle Kompetenzen auf Liste 1/Atelier zu 90 Prozent erworben und steht damit auf der Stufe 2. Aaron hat etwas mehr als die Hälfte der Ziele von Stufe 2 erreicht, wird also auf der Liste als auf Stufe 2 stehend erfasst.
Es ist sinnvoll, die Stufenliste bei Erreichen formell abzuschließen: Sie sollten die Liste unterschreiben, wenn (fast) alle Ziele erreicht sind und können ältere Kinder einladen, ihre Namen ebenfalls darunterzusetzen, nachdem Sie ihnen vorgelesen haben, was sie hinzugelernt haben.

Was passiert, wenn eine Stufe zwar abgeschlossen ist, aber nicht alle Kompetenzen erworben wurden?

Markieren Sie dies auf dem Blatt deutlich, um die Förderung der entsprechenden Kompetenz im Auge zu behalten. Hilfreich kann auch ein bunter Klebezettel als Signal sein.

Die Stufenerreichungs-Übersichten

Es ist an der Zeit, eine Grobplanung für die nächsten Monate aufzustellen. Wie Sie wissen, empfiehlt es sich entsprechend dem hohen Entwicklungstempo der Kinder, konkrete Planungen nur für kurze Zeitabschnitte vorzunehmen, zum Beispiel für ein bis zwei Wochen. Die Grobplanung mit Hilfe der Stufenerreichungs-Übersichten, die wir in diesem Abschnitt vorstellen, dient dazu, eine Richtung vorzugeben, auf die Ihre Feinplanung aufbauen kann. Sie können mit den Stufenerreichungs-Übersichten prüfen, vor welchen neuen Zielen Ihre Kinder derzeit stehen, um in den folgenden Wochen konkret zu planen, mit welchen Themen diese Ziele erreicht werden können. Die Überprüfung, auf welcher Stufe Ihre Kinder stehen, gibt Ihnen auch Aufschluss über den Erfolg Ihrer bisherigen Arbeit: In welcher Weise hatten Sie das Tun der Kinder im vergangenen Planungsabschnitt angeregt und unterstützt? Welche Anreize hatten Sie gegeben, welche Spiele gespielt – und was ist dabei herausgekommen?

Was ist zu tun? Sie müssen die Einzelauswertungen in Form der Stufenblätter der Kinder in einer Gesamtauswertung zusammenführen. Für jedes Kind müssen Sie ermitteln, auf welcher Stufe es in welchem Bildungsbereich steht, um diese Zahlenwerte statistisch erfassen zu können.
Folgende Fragen lassen sich anhand der Ergebnisse beantworten:

- Auf welcher Kompetenzstufe steht die Gruppe in jedem Bildungsbereich?
- Wie stark weichen einzelne Kinder der Gruppe vom Durchschnitt ab?

Handlungsschritt:	Auswertung, auf welcher Stufe alle Kinder der Gruppe stehen
Ziel:	Wir ermitteln, auf welchem Stand der Kompetenzerreichung alle Kinder in der Gruppe in allen Bildungsbereichen stehen.
Termin:	Vor Beginn des Planungsabschnitts – in der Regel ein Vierteljahr
Aktionsform:	Einzelarbeit der Bezugspädagogen jedes Kindes
Nötige Unterlagen:	Leere Auswertungstabelle der Stufenauswertung und Lernstufenblätter aller Kinder

So gehen Sie vor:
Überprüfen Sie vor der Auswertung, ob Sie jedes Kind der Gruppe hinsichtlich der Erreichung der Kompetenzstufen eingeschätzt haben.
Nach der Auswertung der Stufenblätter tragen Sie in einer Tabelle pro Kompetenzbereich ein, wie viele Kinder auf jeder Stufe stehen.

Beispiel A: Ergebnisse der Stufenauswertung bei „Gruppe C"

Stufenauswertung
Gruppe: C
Datum: 3. Dezember 2011

Stufe	Bildungs-bereich: Bewegung	Bildungs-bereich: Musik	Bildungs-bereich: Atelier	Bildungs-bereich: Universum	Bildungs-bereich: Mathematik	Sprachent-wicklung	Mittelwert Spalte 1-6
4	0	0	0	0	0	0	0
3	0	1	1	1	0	3	1,0
2	8	8	6	2	10	5	6,5
1	3	2	4	8	1	3	3,5
Durch-schnitts-wert:	1,7	1,9	1,7	1,4	1,9	2,0	

Der Zahlenwert weist die Anzahl der Kinder aus, die die Stufe erreicht haben.
Die **Durchschnittsstufe** der Kinder in der Gruppe wird nach folgender Formel errechnet:

1 x (Anzahl Kinder Stufe 1) + 2 x (Anzahl Kinder Stufe 2) + ... + 10 x (Anzahl Kinder Stufe 10) : Anzahl aller Kinder.

Beispiel für die Spalte 1 (Bildungsbereich Bewegung):
Elf Kinder wurden betrachtet. Drei Kinder sind auf Stufe 1, acht auf Stufe 2, keines auf Stufe 3 und Stufe 4.

$$(3 \times 1 + 8 \times 2 + 0 \times 3 + 0 \times 4) : 11$$
$$= (3 + 16) : 11$$
$$= 19 : 11$$
$$= 1,7$$

Ergebnis: Die durchschnittlich erreichte Stufe aller Kinder der Gruppe liegt in Bewegung bei 1,7, aufgerundet also bei Stufe 2.

Diese Stufe haben wir in der Tabelle jeweils grau markiert.

Der **Mittelwert** wird folgendermaßen errechnet: Zeilenwerte Spalte 1 - 6 : Anzahl Spalten.

Beispiel für die Zeile „Stufe 2":
Aus sechs Bildungsbereichen liegen Ergebnisse vor: Acht Kinder sind bei Bewegung auf Stufe 2, acht in Musik, sechs im Atelier, usw.

$$(8 + 8 + 6 + 2 + 10 + 5) : 6$$
$$= 39 : 6$$
$$= 6,5$$

Ergebnis: Der Mittelwert liegt bei 6,5. Von den elf Kindern der Gruppe sind also im Durchschnitt aller Bildungsbereiche fast sieben auf der Stufe 2, etwa drei darunter und eines darüber.

Wie können die Ergebnisse verwendet werden?

Sie wissen, auf welcher Kompetenzstufe die Kinder der Gruppe im Durchschnitt stehen. Logische Folgerung: Sie wollen den Kindern helfen, die nächsthöhere Stufe zu erreichen. Was dort benannt ist, können Sie als Grundlage der Zielformulierung verwenden.

Weil Sie von jedem Bildungsbereich solch ein Diagramm besitzen, wird ersichtlich, welchen Bereich Sie im kommenden Planungszeitraum stärker berücksichtigen sollten, weil die Kinder hier im Vergleich zu anderen Kompetenzen durchschnittlich zurückliegen.
Unsere fiktive Beispieltabelle A sagt aus, dass die Kinder in Gruppe C im Bildungsbereich „Universum", verglichen mit anderen Bildungsbereichen, deutlich zurückliegen. Klare Folgerung: Sie müssen die Förderung im Bereich „Universum" in der nächsten Zeit stärker beachten.

Die Tabellen weisen auch aus, wie viele Kinder jeweils deutlich vom Durchschnitt abweichen. Beachten Sie die Spalte „Sprache" in unserem

Beispiel B: Hier haben die meisten Kinder die mittlere Stufe erreicht, während jeweils drei Kinder auf höherer oder niedrigerer Stufe rangieren. Es wird deutlich, dass Sie diese beiden Kleingruppen beim Nachdenken über sprachförderliche Angebote und Spiele im Zusammenhang mit der Gesamtplanung nicht aus dem Auge verlieren dürfen.

Der Vergleich zwischen den Gruppen

Wie schneidet Ihre Gruppe im Vergleich zu den gleichaltrigen Kindern der Nachbargruppe ab? Was kommt heraus, wenn man die Gruppen in der Krippe, in denen Kinder verschiedenen Alters sind, einander gegenüberstellt?
Die Ergebnisse aus der Tabelle B können Sie bei Bedarf mit den Mittelwerten aus den Tabellen anderer Gruppen – oder auch deren Werte für einzelne Bildungsbereiche – in einer weiteren Tabelle (siehe Beispiel C) miteinander vergleichen, um einen Überblick auf der Ebene der Einrichtung zu erhalten. Ebenso ist es möglich, die Gesamt- oder Bildungsbereich-Ergebnisse einer Gruppe über einen Zeitraum von mehreren Jahren zu vergleichen.

Beispiel B: Gesamtübersicht der Krippe in Bezug auf die Sprachentwicklung"

Stufenauswertung
Erfasster Bereich: Sprache
Datum: 3. Dezember 2010

Stufe	Gruppe A	Gruppe B	Gruppe C	Gruppe D	Mittelwert
4	0	0	0	0	0
3	5	3	3	5	4,0
2	5	7	5	3	5,0
1	2	2	3	4	2,8
Durch-schnitts-wert:	2,5	2,3	2,0	2,3	2,3

Beispiel C: Entwicklung der Gruppe C in Bezug auf die Mittelwerte der Sprachentwicklung

Stufenauswertung

Gruppe: C
Erfasster Bereich: Mittelwert
Datum: 3. Dezember 2011

Stufe	Nach 1 Halbjahr	Nach 1 Jahr	Nach 1,5 Jahren	Nach 2 Jahren	Nach 2,5 Jahren
4	0	0	0	0	0
3	1	1,8	3,2	4,2	6,4
2	3	7,2	9	7,8	6,2
1	13	8	4,8	3,9	1,9
Durchschnittswert:	1,2	1,5	1,9	2,5	2,7

Wie können die Ergebnisse verwendet werden?

Sie können feststellen, wo Sie die Kinder Ihrer Gruppe besonders gut fördern konnten, und erfahren, wo für manche Kinder stärkere Förderung sinnvoll wäre.

Ihr Team erhält Einblick, ob es gelingt, für alle Altersgruppen gleichermaßen gut zu planen, oder ob einzelne Gruppen stärker in der Planung berücksichtigt werden müssen.

Die Ziele bestimmen das Material

Welches Material brauchen Sie, um die Kinder beim Erwerb der ausgewählten Kompetenzen zu unterstützen? Was müssen Sie beschaffen und von nun an offen präsentieren? Welche Dinge können Sie getrost für eine Weile aussortieren?

Je genauer Sie bestimmen, welche pädagogischen Ziele erreicht werden sollen, desto leichter ist es, beim Material nicht mehr auf den Zufall zu bauen, nach dem Motto: Irgendwas findet sich immer, und wenn sich Bedarf für etwas Bestimmtes ergibt, ist hoffentlich Geld da. Vielmehr können Sie auf der Grundlage der Ziel-Karten nun eine Einkaufsliste für das Halbjahr aufstellen.

Von der Materialbestellung zur bewussten Materialauslage: Ein Team, das klare Vorstellungen hat, was es bei den Kindern fördern möchte, kann diese Klarheit auf das Materialangebot ausdehnen. Materialien, die aufgrund der ermittelten Entwicklungsstufen der Kinder unangebracht sind, können aussortiert werden, um Platz für Dinge zu schaffen, die jetzt gebraucht werden.

So gehen Sie vor:
Bedarfgerechtes Beschaffen von Materialien nach der Zielplanungssitzung erfordert ein gut verwaltetes Materialbudget, das Neuanschaffungen zwei Mal pro Jahr ermöglichen sollte. Um unwichtige Materialien wegräumen zu können und Platz für derzeit notwendige Dinge zu schaffen, braucht Ihre Einrichtung einen Materialraum. Dieser Raum darf keine Rumpelkammer für defekte Spielzeuge und Dinge sein, von denen Sie sich nicht trennen können. Gut strukturierte Pädagogik erfordert einen Materialraum mit Ordnung und Übersicht in den Regalen.

Rechtzeitige Materialplanung verschafft Ihnen Zeitreserven, bevor Sie ein Angebot vorschlagen. Ausreichende Vorbereitungszeit brauchen Sie auch, um darüber nachzudenken, was in dem von Ihnen verantworteten Bildungsbereich tatsächlich aussortiert werden kann und was neu zu beschaffen ist.

Handlungsschritt:	Materialbeschaffung
Ziel:	Wir wählen aus, welche Materialien wir benötigen, um die festgelegten Ziele zu erreichen.
Termin:	Vor Beginn des Vierteljahres, nach der Auswertung der Stufenerreichung
Aktionsform:	Teamarbeit
Nötige Unterlagen:	Tabellen „Stufen-Auswertung", Materialliste

Aus Zielen werden Angebote:
Die Monatsplanung mit dem Lotusplan

In der (zwei-)wöchentlichen Planungssitzung entwickeln Sie die konkrete Planung Ihrer Gruppe für die kommenden Tage.

Handlungsschritt:	Konkrete Planung aufstellen
Ziel:	Wir legen mittels Lotusplan fest, mit welchen Anreizen und Impulsen wir das Tun der Kinder begleiten wollen und welche Angebote wir machen.
Termin:	Je nach Alter der Kinder: wöchentlich (Kinder unter 1,5), zweiwöchentlich (ältere Kinder)
Aktionsform:	Einstündige Zusammenkunft der Pädagogen
Nötige Unterlagen:	Poster „Lotusplan" auf der Moderationswand, Beobachtungsbögen und Stufenlisten

Die Basis: Was tun die Kinder?

Was tun die Kinder, was sind gerade die wichtigsten Themen? Bei Ihren Beobachtungen stellen Sie fest, dass die Kinder sich in der Regel mit unterschiedlichen Spielen befassen und ihre Beschäftigungen häufig wechseln. Um aus diesem Wirrwarr an individuellen Vorhaben eine gemeinsame Planung für die Gruppe entwerfen zu können, müssen Sie Hauptthemen finden: An welchen Themen waren besonders viele Kinder interessiert? Wo war ihr Interesse besonders hoch?
Um auf der Basis der Beobachtungen strukturiert planen zu können, empfiehlt sich die Verwendung des Krippen-Lotusplans. Auf dem Lotusplan befinden sich um die Kernfrage „Was tun die Kinder?" acht Felder zum Eintragen ausgewählter Beschäftigungen, die Sie beobachtet hatten und die sich als besonders interessant herauskristallisierten.

Beobachtungen interpretieren: Warum tun die Kinder das, was sie tun?

Jedes der acht Felder steht in Verbindung mit einem der acht ebenfalls achtfach unterteilten Außenfelder, die sich wie eine Lotusblüte –

Lotusplan Zeitraum:

			Was tun die Kinder?					

daher der Name des Plans – um das Innenfeld gruppieren. Was Sie in den acht Innenfeldern eintrugen, übertragen Sie nun in die Mitte der acht Außenfelder.

Wozu dienen die acht kleinen Felder um die Mitte der Außenfelder? Hier tragen Sie ein, was die Kinder mit ihrem Tun untersuchen: Worum könnte es den Kindern gehen? Welche Untersuchungsziele könnten sie haben? Bedenken Sie bitte, dass Beschäftigungen, die mit großer Intensität betrieben werden, meist eine Vielzahl an Untersuchungsthemen abdecken. Beim Werfen von Gegenständen interessiert Kinder nicht nur die Schwerkraft, sondern auch das Erzeugen schneller, gezielter Bewegungen, die Reaktion der Erwachsenen und vieles mehr. Aus diesem Grund gibt es acht Felder zum Eintragen möglicher Untersuchungsziele, nicht nur eins.

Wieder sollten Sie auswählen, welche der in den Außenfeldern eingetragenen Aspekte Sie für so wichtig halten, dass Sie sie in die Planung übernehmen. Bei der Auswahl hilft Ihnen, dass Sie zu einigen anderen beobachteten Tätigkeiten gleiche Hintergründe vermutet und in die Außenfelder eingetragen hatten. Vergleichen Sie gelegentlich: Entsprechen Ihre Eindrücke aus den Beobachtungen dem, was Sie auf den Stufenlisten festgehalten hatten? Oder sollten einzelne Listen aktualisiert werden?

Anregung und Unterstützung planen: Was könnte den Kindern bei der Beschäftigung mit ihren Themen weiterhelfen?

Ausgewählte Aspekte aus den Außenfeldern übertragen Sie nun in die Blütenmitte eines zweiten Lotusplan-Rasters. Ihre Frage ist jetzt: Wie können wir das Tun der Kinder zu diesen Themen bereichern? Was Ihnen dazu einfällt, tragen Sie in die Blütenblätter um die ausgewählten Aspekte ein.

Ergebnis ist eine Planungshilfe, die Ihnen Folgendes bietet: Sie können eine Materialliste für zu beschaffende oder herzustellende Dinge schreiben. Auf dieser Grundlage können Sie bestimmte Angebote oder Ausflüge planen und – möglichst locker – mit Termin festlegen. Aber vor allem haben Sie eine klare Richtung für die Begleitung des Spiels ermittelt und können ihr mit entsprechenden Impulsen oder Spielvorschlägen folgen. Auch bei der Gestaltung von alltäglichen Phasen wie die Essenssituation wissen Sie nun, welche Vorhaben Sie angehen können.

Individuelle Entwicklungsplanung für Kinder: Portfolioarbeit

Um Kinder zu befähigen, selbstverantwortlich zu lernen und ihr Lernen zu reflektieren, reicht das Instrument der Stufenlisten nicht aus. Für Krippenkinder sind diese Bögen völlig unverständlich. Deshalb sollten Sie schon in der Krippe damit beginnen, die Entwicklung der Kinder auch auf eine Art zu dokumentieren, die sie bald verstehen können: die Portfolios. In Portfolios können Sie festhalten, was beim Abhaken erreichter Kompetenzen auf der Stufenliste nicht erfasst wird: die emotionale Bedeutung eines Lernschritts für das Kind. Sie können festhalten, wie es sich anfühlte, eine Sache – und viele andere – plötzlich zu beherrschen. Sie können den Weg beschreiben, den ein Kind zurücklegte, können festhalten, ob ihm das Lernen leicht fiel oder nicht. Vor allem aber können Sie dem Kind im Portfolio mitgeben, was es am meisten braucht, um sich gut zu entwickeln: Lob, Mit-Freude darüber, dass es etwas Neues kann, und Zuversicht, dass es auch die nächsten Herausforderungen meistern wird.

Was ist ein Portfolio?

- Ein Portfolio ist eine Sammlung von Dokumenten, die nicht nur Ergebnisse des Lernens der Kinder festhält, sondern auch etwas über die Lernprozesse aussagt, aus denen die Ergebnisse hervorgingen.
- Den Kern eines Portfolios bilden Bilddokumentationen, die belegen, dass eine Kompetenz erreicht wurde. Grundsätzlich soll das Portfolio ein Album der Erfolge des Kindes sein, in Wort und Bild sichtbar gemacht.
- Mit Portfolios wird aktiv gearbeitet: Sie sollen dem Umfeld des Kindes in einem geeigneten Rahmen präsentiert werden, sodass Gespräche über das Lernen und die Leistungen des Kindes ermöglicht werden.

„Was habt ihr heute in der Krippe gespielt?"

Dass die Kinder zusammen lernen, im Spiel und im gemeinsamen Erleben, dass genau dies Lernen ist – früher war das nur wenigen Menschen bewusst. Portfolios zeigen, dass Kinder nicht „nur" spielen, sondern dabei lernen. Dass sie lernen, indem sie spielen und gemeinsam erleben.

Portfolios motivieren, weil sie Kindern ihre eigenen Wege und Fortschritte vor Augen führen, statt Vergleiche mit anderen Kindern nach dem Motto „Besser oder schlechter?" nahezulegen. Portfolios aktivieren, weil sie dem Kind zeigen, was es aus eigener Kraft erreicht hat.

Handlungsschritt:	Dokumentieren wichtiger Lernschritte des Kindes im Portfolio, Förderung der Selbstreflexion
Ziel:	Wir halten wichtige Lernschritte des Kindes im Portfolio mit Bild und Text in einer Form fest, die Anerkennung ausdrückt und es dem Kind ermöglicht, sich an Lernsituationen zu erinnern.
Termin:	Kontinuierlich, jeweils nach Erwerb neuer Kompetenzen
Aktionsform:	Einzelarbeit der Erzieherin oder der Eltern.
Nötige Unterlagen:	Portfolio jedes Kindes, Formblätter für das Portfolio, Fotos

Wie wird ein Portfolio aufgebaut?

Ein Portfolio braucht Struktur, soll es keine unübersichtliche, zufällige Sammlung von Dokumenten werden, sondern ein Ordner, in dem man den Lernfortschritt eines Kindes verfolgen kann. Die klare, verständliche Gliederung trägt dazu bei, dass sich auch Kinder und Eltern in dem Ordner zurechtfinden. Sich im Team auf eine einheitliche Struktur aller Portfolios zu einigen, ist darüber hinaus sinnvoll, weil an dem Dokument mehrere Pädagogen arbeiten und weil es später vielleicht an die Lehrerin weitergereicht wird, die sich darin ebenfalls zurechtfinden soll. Vor allem aber hilft eine klare Struktur mit durch Trennblätter gegliederten Abschnitten Ihnen, neue Blätter ohne großen Aufwand in die Portfolios der Kinder einheften zu können. Unsere Empfehlung: Das Portfolio eines Kindes sollten Sie zunächst in einen einleitenden Teil für die Ich-Seiten und einen zweiten für die Lernbeweise gliedern. Die weitere Gliederung in Bildungsbereiche vereinfacht das Sortieren, wenn Sie sich im Team auf eine Sortierrichtung einigen: Alle neuen Blätter werden immer hinter das letzte Blatt geheftet, sodass die fortschreitende Entwicklung des Kindes sichtbar wird.

Welche Blätter sollte ein Portfolio umfassen?

Zwei Kategorien von Blättern sollte das Portfolio umfassen: Ich-Seiten und Lernbeweis-Blätter. Zusätzlich können Sie die Stufenlisten, Protokolle aus Entwicklungsgesprächen und andere Dokumente der Entwicklungsförderung des Kindes im Ordner abheften.

Ich-Seiten nennen wir Blätter, auf denen das Kind etwas über sich erfährt und sich – mit zunehmendem Alter – selbst darstellt. Auf Ich-Seiten kann festgehalten werden, welche besonderen Eigenschaften ein Kind hat – derzeit und in der Vergangenheit. Alle Ich-Blätter sollten also regelmäßig durch aktuelle Versionen ergänzt werden.[1]

---

1   Ausführliche Darstellung siehe: Bostelmann, Antje: Das Portfolio-Konzept für die Krippe. Mülheim, 2008

Was kann in Text und Bild festgehalten werden? Neben dem Aussehen des Kindes, seiner Familie und seiner Lebenswelt sollten die Blätter auch Vorlieben des Kindes erfassen: Das sind meine Freunde, dieser Beschäftigung gehe ich gern nach, das kann ich besonders gut... Nach und nach geht die Dokumentation von Eigenschaften und Vorlieben zur Abbildung von Kompetenzen über.

Die Botschaft der Ich-Seiten
Ich bin ein einzigartiger Mensch mit vielen Facetten. Ich habe viele individuelle Stärken. Obwohl ich immer der gleiche Mensch bleibe, kann sich das, was ich gut kann und mag, wie mein Aussehen über die Jahre verändern.

Lernbeweis-Blätter wie „*Geschafft! Gelernt!*" sind das Kernstück des Portfolios. Sie legen sichtbar Zeugnis davon ab, welche Kompetenzen ein Kind erworben hat.

Was unterscheidet Lernbeweis-Blätter von Stufenblättern?

Im Alltag ist es kaum möglich, das Erreichen einer Lernstufe innerhalb jeder Kompetenz mit einem eigenen Blatt zu würdigen. Deshalb sind Lernbeweis-Blätter beim Erreichen niedrigerer Lernstufen nur sinnvoll, wenn es um Fortschritte geht, die für ein Kind bedeutsam sind. Schließlich soll das Portfolio grundsätzlich den Blick des Lernenden auf seine Erfolge wiedergeben, nicht den Blick der Lehrenden auf eine Lernstufe.

Ein Kriterium bei der Beurteilung, ob ein beobachteter Kompetenzerwerb dokumentiert werden soll, ist daher die Frage, ob der Kompetenzzuwachs etwas im Leben des Kindes veränderte, ob seine Handlungsfähigkeit sich erweiterte, ob es jetzt etwas Neues kann. Wenn das der Fall ist, sollte der Lernbeweis unbedingt im Portfolio dokumentiert werden, als Beleg für das Kind, dass es etwas geschafft hat und stolz darauf sein kann. Das motiviert zu neuen Anstrengungen.

Die Botschaft der Lernbeweise für das Kind und seine Eltern
Ich lerne immer mehr Dinge, die mir nützlich sind. Ich habe mir diese Kompetenzen auf eine für mich charakteristische Weise angeeignet und werde auch kommende Herausforderungen bewältigen. Weil mein Weg und meine Art des Lernens einzigartig sind, spielt es keine Rolle, was andere Kinder können.

Wie formuliert man im Portfolio?

Ein Portfolio erweitert die Dokumentation des Entwicklungsfortschritts zunächst um Fotos, auf denen zu sehen ist, was ein Kind gelernt hat. Ob das Kind dadurch für weiteres Lernen aktiviert wird, hängt vor allem davon ab, wie Sie erläutern, was auf dem Bild zu sehen ist. Grundsätzlich sollten alle Erklärungen in wertschätzender Sprache verfasst sein, das Kind zu weiterem Lernen aktivieren und es an Lernschritte erinnern, die durch das Bild allein nicht erkennbar werden.

Unter dem Foto als Lernbeweis können Sie kurz benennen, welcher Kompetenzschritt abgebildet ist. Die Formulierung soll würdigen, was das Kind erreicht hat, und nicht darauf verweisen, was es noch leisten muss. Also: „Du hast es geschafft!" statt „Du kannst schon..., aber jetzt musst du noch...".

Da es beim Kompetenzerwerb wichtig ist, den damit einhergehenden Fortschritt der Handlungsfähigkeit zu würdigen, empfiehlt es sich, genau zu beschreiben, in welchem Zusammenhang die neue Kompetenz erworben wurde – oder nun angewendet werden kann: „Du hast gelernt, deinen Namen zu schreiben. Nun beschriftest du deine Sachen selbst."

Sinn des Portfolios ist auch, das Kind erfahren zu lassen, was seine bevorzugten Lernwege sind und welche individuellen Hürden es auf welche Weise überschreiten konnte. Deshalb sollten Sie die anerkennende Benennung der Kompetenz und die Beschreibung des Zusammenhangs, in dem sie erworben wurde, mit einer kurzen Schilderung des Ablaufs ergänzen: „Du hast das geschafft, weil du oft geübt hast, manchmal sogar allein. Du hast nicht aufgegeben." Mit solchen Sätzen helfen Sie dem Kind, sich später daran zu erinnern, wie es war, als es einen der vielen Lernschritte bewältigt hatte.

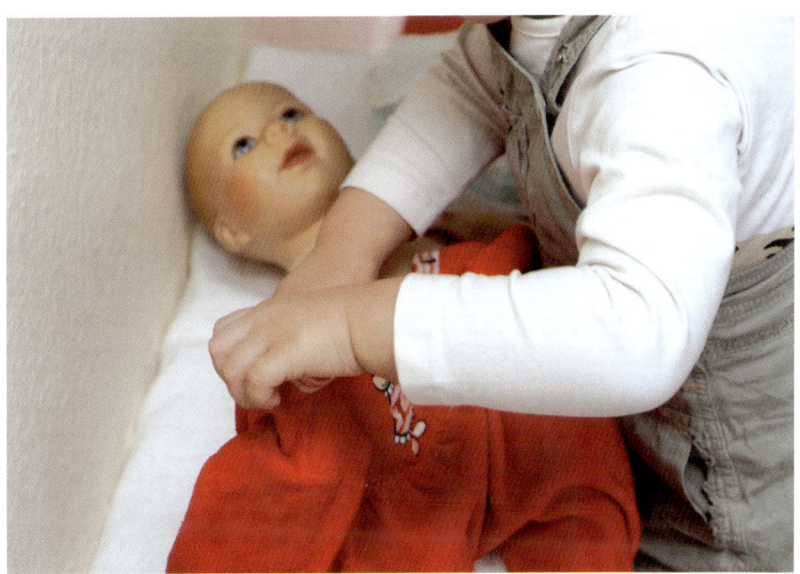

Mit Eltern über Erreichtes reden: Die Entwicklungsgespräche

In Krippen, deren Teams stets für die Gesamtgruppe planen, dienen Elterngespräche meist der Information und schließen mit „Noch Fragen?", denn wer für die Gruppe plant, kann die Bedürfnisse von 20 oder 30 Elternpaaren nicht berücksichtigen.

Individuelle Entwicklungsplanung verändert die Elterngespräche, weil sie Aktivität von beiden Seiten braucht: Beim Einschätzen des Kindes mit Hilfe der Stufenblätter ergänzt die Sicht der Eltern Ihre Wahrnehmungen. Auch wenn es um das Erreichen der nächsten Stufe und um konkrete Förderung dabei geht, brauchen Sie die Eltern nicht nur als Mitwisser, sondern als aktive Unterstützer, denn es ist sinnvoll, Kindern beim Erwerb neuer Kompetenzen daheim zu helfen.

Verständigen sich Eltern und Pädagogen darüber, was man tun kann, damit ein Kind die nächste Stufe mit Freude und Bravour nimmt, dann wirkt sich das positiv auf die Eltern aus: Es macht sie froh und zufrieden, ernsthaft Anteil an der Entwicklungsförderung des Kindes zu nehmen, statt bloß darauf vertrauen zu müssen, dass alles gut läuft, oder gar dubiosen Förderangeboten Außenstehender aufzusitzen.

Wie kann die Arbeit mit Stufenblättern dazu beitragen, Eltern aktiv an der Arbeit der Pädagogen zu beteiligen?

Eltern fällt es in der Regel viel schwerer als Pädagogen, am Verhalten ihrer Kinder zu erkennen, an welchen Zielen sie gerade arbeiten, welche neue Kompetenz sie sich aneignen. Die Stufenblätter vereinfachen, indem sie den Blick auf bestimmte Kompetenzen fokussieren.

Sie sind quasi eine Seh-Hilfe, weil sie auf einen Blick zeigen, was bereits bewältigt wurde und was wahrscheinlich als nächster Schritt ansteht. Übrigens: Es ist sinnvoll, diese neue Art des Elterngesprächs durch einen anderen Namen von seinem klassischen Vorgänger zu unterscheiden. Nennen Sie es „Entwicklungsgespräch", wird klar, dass es nicht um ein Gespräch über aktuelle Probleme des Kindes und auch nicht um die Abrechnung purer Lern-Ergebnisse geht.

Handlungsschritt:	Entwicklungsgespräch
Ziel:	Wir stellen vor, welche Kompetenzen das Kind im vergangenen Halbjahr erreicht hat. Wir besprechen, wie wir das Kind in seiner aktuellen Entwicklung fördern können.
Termin:	Einmal im Halbjahr
Aktionsform:	Von Erzieherin moderiertes Gespräch mit Eltern, ab geeignetem Alter auch mit Kind
Nötige Unterlagen:	Portfolio des Kindes mit aktualisierten Stufenblättern, leeres Feedback-Blatt „Das gefällt mir gut…" für das Portfolio, Blatt „Ziele verabreden"

So gehen Sie vor:
Reservieren Sie in Ihrer Dienstplanung ausreichend Zeit für die Elterngespräche. Streben Sie an, halbjährlich mit allen Eltern ein Gespräch zu führen – mindestens jeweils eine halbe Stunde lang.

Wie kann gesichert werden, dass Eltern das Angebot des Entwicklungsgesprächs als verbindlich wahrnehmen?

Legen Sie einen Zeitraum fest, in dem Sie alle Elterngespräche führen möchten. Entscheiden Sie sich entweder für einen begrenzten Zeitabschnitt, in dem Gespräche täglich stattfinden, oder für wiederkehrende Termine: Jeden Donnerstagnachmittag ist Elterngesprächs-Zeit. Führen Sie eine Liste mit allen Eltern. Schlagen Sie ihnen Termine zur Auswahl vor: „Ich habe für Sie diesen oder den folgenden Mittwochnachmittag reserviert – wann passt es besser?" Das ist verbindlicher, als den Eltern zu signalisieren, dass sie demnächst kommen können. Das nehmen erfahrungsgemäß nur bestimmte Eltern wahr, während andere fernbleiben. Ihr Ziel sollte es sein, mit allen Eltern regelmäßig über ihre Kinder gesprochen zu haben.

Was ist bei der Vorbereitung des Gesprächs zu bedenken?

Sichern Sie, dass ein geeigneter Raum und passende Sitzmöbel zur Verfügung stehen: ein ruhiger, gemütlicher Ort ohne unbequeme Kinderstühlchen, also nicht der Gruppenraum – schon gar nicht während der störanfälligen Spielzeit. Sichern Sie, dass Sie in der anvisierten Zeit (Vorschlag: eine Dreiviertelstunde) nicht gestört oder von den Kolleginnen gebraucht werden.
Bieten Sie den Eltern an, sich vorzubereiten, indem Sie vorschlagen, Portfolioblätter anzufertigen. Sollten Sie im Gespräch Entwicklungsbögen präsentieren, auf denen die

aktuelle Situation des Kindes eingeschätzt wird, ist es sinnvoll, den Eltern diese Materialien unausgefüllt vorab auszuhändigen, damit auch sie sich vorbereiten können.

Welcher Ablauf ist für ein Entwicklungsgespräch sinnvoll?

Beginnen Sie das Gespräch mit einem Austausch über die aktuelle Situation des Kindes, der Gruppe und der Familie. Betrachten Sie danach mit den Eltern das Portfolio, um sich gemeinsam darüber zu freuen, was das Kind seit dem letzten Gespräch dazugelernt hat. Heften Sie am Ende der Portfoliobetrachtung ein „Lob-Blatt" ein, auf dem Sie festhalten, was allen Beteiligten am Portfolio besonders gefiel und was Sie dem Kind für die nächste Zeit wünschen. Nun können Sie den Eltern zeigen, auf welchen Stufen das Kind sich Ihrer Einschätzung nach befindet. Besprechen Sie, welche Kompetenzen es – den Stufenlisten entsprechend – wohl als nächstes anstrebt, was das bedeutet und wie man das Kind dabei unterstützen kann und soll.
Einigen Sie sich bei Kindern mit problematischem Entwicklungsverlauf auf eine überschaubare Zahl an Zielen und darüber, was Sie gemeinsam mit den Eltern für das Kind tun möchten. Geben Sie den Eltern Tipps, was sie machen können, um ihr Kind beim Erwerb der ausgewählten Kompetenzen zu helfen, welche Anregungen, Spielideen und Spielzeuge förderlich sein können. Informieren Sie die Eltern, was Sie in der Krippe tun werden.
Wenn Sie konkrete Maßnahmen verabreden, halten Sie sie schriftlich fest, zum Beispiel auf dem Blatt „Ein gemeinsames Ziel".

Botschaft des Elterngesprächs
Wir begleiten jedes Kind individuell. Deshalb
müssen wir wissen, wo es steht und was es
gerade braucht. Dazu benötigen wir die Einschätzung und das Engagement der Eltern.
Kinder entwickeln sich auf vielerlei Weise fort.
Dennoch lohnt es sich, mit Hilfe der Stufenblätter Schwerpunkte der Entwicklung festzuhalten, um das Kind begleiten zu können.
Manche Kinder entwickeln sich schneller,
andere langsamer als der Durchschnitt. Der
Vergleich mit Durchschnittswerten wird kei-
nem Kind gerecht. Vielmehr kommt es darauf
an, jedes Kind auf seinem individuellen Weg
zu begleiten.

Planung und Präsentation der Ergebnisse: Die Dokumentationsposter

Stufenblätter schaffen Übersicht, denn sie vereinfachen den Blick auf Bildungsprozesse. Doch bei der Dokumentation für Eltern bietet sich die Arbeit mit einer überschaubaren Anzahl von Kompetenz-Zielen an, um sie teilhaben zu lassen.

Gute Erfahrungen haben wir mit Dokumentationspostern gemacht, auf denen jeweils die Ziele des Monats benannt und bei Bedarf erklärt werden. Im Verlauf des Monats werden die Poster mit Fotos ergänzt, die die Umsetzung dokumentieren.

Darüber hinaus bietet sich an, den Eltern auf jedem Poster Tipps zu geben, was sie tun können, um ihr Kind beim Kompetenzerwerb daheim zu fördern.

Zwar macht diese Dokumentationsform Arbeit, aber sie bezieht die Eltern sinnvoll ein und beweist ihnen immer wieder, dass in der Krippe an klaren Bildungszielen gearbeitet wird. Außerdem werden nervige Fragen nach dem Sinn der Angebote zunehmend seltener gestellt, und langwierige Erklärungen beim Elternabend werden überflüssig.

So gehen Sie vor:

Wählen Sie für Ihre Dokumentationswand einen passenden Platz aus. Geeignet sind Orte, an denen Eltern täglich vorbeikommen und sich Zeit zum Lesen oder Betrachten nehmen können. Vielleicht gibt es eine Sitzecke in der Garderobe, in deren Nähe ein Regal für die Aufbewahrung von Projektdokumentationen passt?

Finden Sie eine geeignete Form für Ihr Poster: Eine einheitliche, gedruckte Überschrift für jeden Bildungsbereich und ein klares Layout sorgen für Wiedererkennungswert und wirken professionell. Benennen Sie die ausgewählten Ziele, erklären Sie sie bei Bedarf mit knappen Worten.

Neben dem Ziel-Poster sollte Platz für ein weiteres Poster sein, auf dem ausgewählte Aktionen, die dem jeweiligen Kompetenzerwerb dienen, dokumentiert werden – mit Datumsangabe, einer Kurzbeschreibung der Aktion und einem aussagekräftigen Foto.

Botschaft der Dokumentation

Wir arbeiten mit klaren Bildungszielen, die sich auf die aktuelle Entwicklung der Kinder beziehen. Unsere Arbeit ist professionell. Wir möchten Eltern ermöglichen, die Bildungsprozesse ihrer Kinder zu verstehen. Wir laden Eltern ein, daran teilzuhaben und die Kinder mit uns gemeinsam beim Erwerb der im Mittelpunkt stehenden Kompetenzen zu unterstützen.

Handlungsschritt:	Dokumentationen erarbeiten
Ziel:	Wir legen dar, welche Kompetenzen wir im kommenden Monat fördern möchten. Wir dokumentieren monatlich, mit welchen Aktionen wir dieses Ziel verfolgen.
Termin:	Kontinuierlich, mit Beginn der neuen Monatsplanung
Aktionsform:	Dokumentationsposter
Nötige Unterlagen:	Lotusplan, Vorlage für das Poster, Aktionsfotos

Beispiel: Eine kombinierte Dokumentations-Wand für den Bereich Atelier

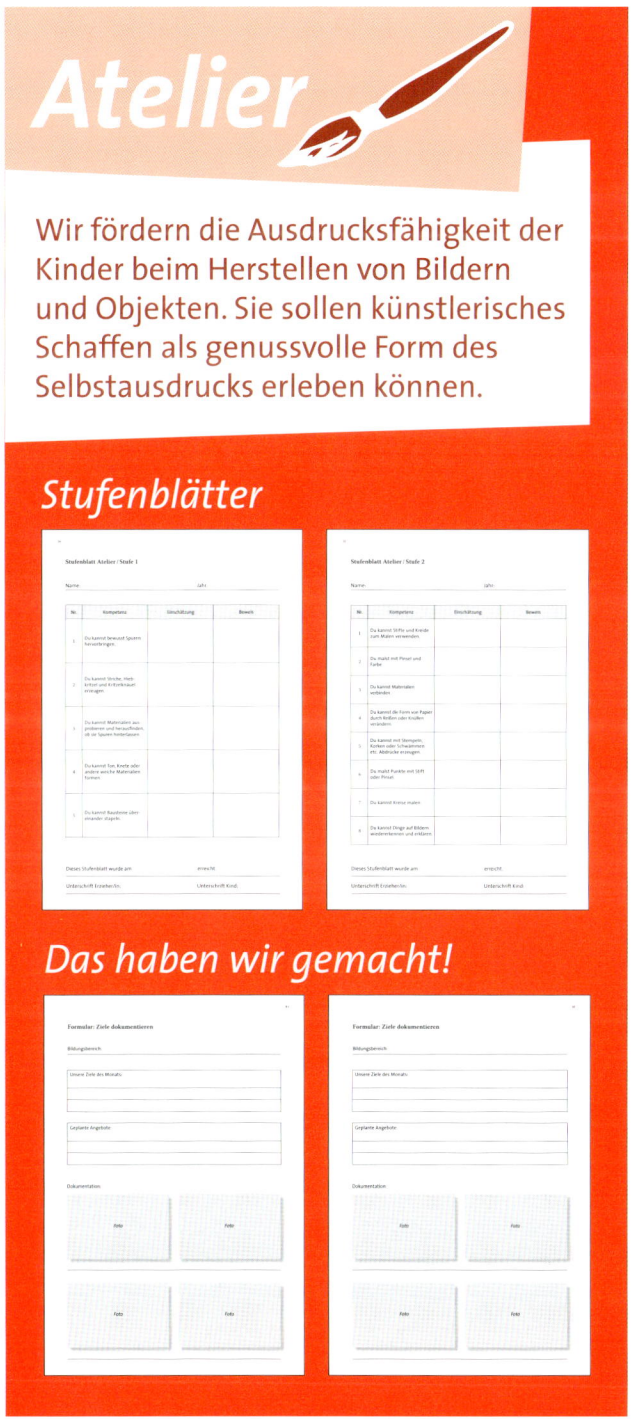

Formulare: Stufenlisten

Auf den folgenden Seiten finden Sie die Stufenblätter für das Arbeiten in den folgenden Bildungsbereichen:

Unter der Überschrift „Atelier" werden Bildungsziele im Bereich „Bildnerisches Gestalten" benannt.

Unter der Überschrift „Bewegung" werden Bildungsziele zu den Themenschwerpunkten Bewegungserziehung, motorische Entwicklung und Ernährungswissen benannt.

Unter der Überschrift „Universum" finden Sie Bildungsziele aus den Themenbereichen Naturwissenschaft und Technik.

Unter der Überschrift „Mathematik" finden Sie Bildungsziele aus dem Themenbereich mathematische Grunderfahrungen.

Weiterhin gibt es Blätter für die Themenschwerpunkte Sprachentwicklung („Sprache") und „Soziale Entwicklung".

Warum gibt es für manche Bildungsbereiche zwei oder drei, für andere hingegen fünf Stufenblätter?

Das liegt jeweils an der speziellen Dynamik im jeweiligen Bildungsbereich. In manchen Bildungsbereichen entwickelt sich das Krippenkind einfach intensiver, um dieses darzustellen, benötigen wir mehr Stufen.

Muss jedes Kind alle Stufen innerhalb der Krippe erreichen?

Keineswegs, die Stufenlisten beschreiben nicht, in welchem Alter ein bestimmter Schritt gemacht werden soll, sondern nur die Reihenfolge. Für viele der höheren Blätter gilt: Nur ein Teil der Kinder wird diese Kompetenzen in der Krippe erwerben, die anderen dürften erst im Kindergarten diese Stufen erreichen. Entsprechend haben wir diese Listen im „großen Bruder" dieses Buches, nämlich „Stufenblätter für Kita und Kindergarten", noch einmal aufgeführt.

Stufenblatt Sprache / Stufe 1

Name: _____   Jahr: _____

Nr.	Kompetenz	Einschätzung	Beweis
1	Du drückst dich mit deinem Körper aus.		
2	Du äußerst dich mit Lauten und benutzt verschiedene Vokale.		
3	Du ahmst Worte nach.		
4	Du hörst und verstehst den Zusammenhang zwischen gezeigten Gegenständen und gesprochenen Worten.		
5	Du verstehst einfache Aufforderungen.		

Dieses Stufenblatt wurde am _____ erreicht.

Unterschrift Erzieher/in: _____   Unterschrift Kind: _____

Kriterienblatt Sprache / Stufe 1

Übersicht über die Kriterien, an denen man den Erwerb der Kompetenz feststellen kann.

Nr.	Kompetenz	Kriterien
1	Du drückst dich mit deinem Körper aus.	*Ganzkörper-Reaktion des Säuglings bei Freude.*
2	Du äußerst dich mit Lauten und benutzt verschiedene Vokale.	*Das Kind erprobt Laute.*
3	Du ahmst Worte nach.	*z.B. „wau-wau".*
4	Du hörst und verstehst den Zusammenhang zwischen gezeigten Gegenständen und gesprochenen Worten.	*Nach Aufforderung zeigt das Kind auf Gegenstände, die ihm benannt werden, z.B. „Wo ist der Ball?"*
5	Du verstehst einfache Aufforderungen.	*z.B. Das Kind reagiert auf „Ja" und „Nein", auf den eigenen Namen.*

Stufenblatt Sprache / Stufe 2

Name: _____   Jahr: _____

Nr.	Kompetenz	Einschätzung	Beweis
1	Du machst dich mit einfachen Wörtern verständlich.		
2	Du sprichst Zweiwortsätze.		
3	Du kannst bekannte Gegenstände in deiner Lautsprache benennen.		

Dieses Stufenblatt wurde am _____ erreicht.

Unterschrift Erzieher/in: _____   Unterschrift Kind: _____

Kriterienblatt Sprache / Stufe 2

Nr.	Kompetenz	Kriterien
1	Du machst dich mit einfachen Wörtern ver- ständlich.	*z.B. „Tinken", „Mama".*
2	Du sprichst Zweiwortsätze.	*z.B. „Ball haben".*
3	Du kannst bekannte Gegenstände in deiner Lautsprache benennen.	*Das Kind zeigt z.B. auf eine Ente und sagt „Enna".*

Stufenblatt Sprache / Stufe 3

Name: _____   Jahr: _____

Nr.	Kompetenz	Einschätzung	Beweis
1	Du beginnst unbewusst den Regeln der Grammatik zu folgen.		
2	Du kannst zwischen „Ja" und „Nein" unterscheiden, wenn du sprichst.		
3	Du teilst dich anderen Menschen mit, ohne ein Gespräch zu erwarten.		
4	Du sprichst in Dreiwortsätzen.		
5	Du kannst einfache Aufforderungen verstehen und ausführen.		
6	Du beginnst dich für Reime und kurze Gedichte zu interessieren.		

Dieses Stufenblatt wurde am _____ erreicht.

Unterschrift Erzieher/in: _____   Unterschrift Kind: _____

Kriterienblatt Sprache / Stufe 3

Nr.	Kompetenz	Kriterien
1	Du beginnst unbewusst den Regeln der Grammatik zu folgen.	*z.B. Das Kind verwendet Singular- und Pluralformen (Auto/Autos) und konjugiert Verben (trinkt/trinken).*
2	Du kannst zwischen „Ja" und „Nein" unterscheiden, wenn du sprichst.	*z.B. „Will baden". „Will nicht baden".*
3	Du teilst dich anderen Menschen mit, ohne ein Gespräch zu erwarten.	*Das Kind spricht andere Menschen an, ohne unbedingt eine Antwort zu erwarten, z.B. „Da, Hase läuft!"*
4	Du sprichst in Dreiwortsätzen.	*Das Kind verwendet einfache, nicht unbedingt korrekte grammatikalische Formen, z.B. „Auto fahren Opa".*
5	Du kannst einfache Aufforderungen verstehen und ausführen.	*z.B. „Bringe bitte die Tasse!"*
6	Du beginnst dich für Reime und kurze Gedichte zu interessieren.	*Das Kind reagiert freudig auf Reime oder Verse und ahmt sie nach.*

Stufenblatt Sprache / Stufe 4

Name: _____   Jahr: _____

Nr.	Kompetenz	Einschätzung	Beweis
1	Du kannst mit Worten Gefühle ausdrücken.		
2	Du sagst beim Spielen, was du gerade tust.		
3	Du machst Sprachquatsch.		
5	Du kannst zuhören, wenn jemand vorliest.		
6	Du kannst einer mehrschrittigen Aufforderung folgen.		

Dieses Stufenblatt wurde am _____ erreicht.

Unterschrift Erzieher/in: _____   Unterschrift Kind: _____

Kriterienblatt Sprache / Stufe 4

Nr.	Kompetenz	Kriterien
1	Du kannst mit Worten Gefühle ausdrücken.	*z.B. „Ich habe Hunger! Ich bin traurig".*
2	Du sagst beim Spielen, was du gerade tust.	*z.B. „Meine Puppe ist krank." „Jetzt gehen wir spazieren." Das Kind erklärt, was es gerade spielt.*
3	Du machst Sprachquatsch.	*Das Kind erfindet Nonsensreime, z. B. „Auto-popauto"...*
4	Du kannst zuhören, wenn jemand vorliest.	*Das Kind fragt nach und macht dadurch deutlich, dass es die Handlung verstanden hat.*
5	Du kannst einer mehrschrittigen Aufforderung folgen.	*z.B. „Füttere die Puppe und lege sie anschließend ins Bett."*

Stufenblatt Atelier / Stufe 1

Name: _____ Jahr: _____

Nr.	Kompetenz	Einschätzung	Beweis
1	Du kannst bewusst Spuren hervorbringen.		
2	Du kannst Striche, Hieb-kritzel und Kritzelknäuel erzeugen.		
3	Du kannst Materialien aus-probieren und herausfinden, ob sie Spuren hinterlassen.		
4	Du kannst Ton, Knete oder andere weiche Materialien formen.		
5	Du kannst Bausteine über-einander stapeln.		

Dieses Stufenblatt wurde am _____ erreicht.

Unterschrift Erzieher/in: _____ Unterschrift Kind: _____

Kriterienblatt Atelier / Stufe 1

Nr.	Kompetenz	Kriterien
1	Du kannst bewusst Spuren hervorbringen.	*Das Kind kann geeignete Materialien mit den Händen verschmieren.*
2	Du kannst Striche, Hiebkritzel und Kritzel-knäuel erzeugen.	*Das Kind hinterlässt mit Stiften und ähnlichen Gegenständen Spuren ohne konkretes Formergebnis und formale Absichten.*
3	Du kannst Materialien ausprobieren und herausfinden, ob sie Spuren hinterlassen.	*Das Kind experimentiert mit unter-schiedlichen Farben, Malwerkzeugen und Instrumenten zum Drucken (Rolle, Schwamm,...).*
4	Du kannst Ton, Knete oder andere weiche Materialien formen.	*Das Kind matscht mit Ton oder ähnlichen Materialien.*
5	Du kannst Bausteine übereinander stapeln.	*Das Kind baut und legt mehr als zwei Steine bewusst nebeneinander oder übereinander.*

Stufenblatt Atelier / Stufe 2

Name: _____ Jahr: _____

Nr.	Kompetenz	Einschätzung	Beweis
1	Du kannst Stifte und Kreide zum Malen verwenden.		
2	Du malst mit Pinsel und Farbe.		
3	Du kannst Materialien verbinden.		
4	Du kannst die Form von Papier durch Reißen oder Knüllen verändern.		
5	Du kannst mit Stempeln, Korken oder Schwämmen etc. Abdrücke erzeugen.		
6	Du malst Punkte mit Stift oder Pinsel.		
7	Du kannst Kreise malen.		
8	Du kannst Dinge auf Bildern wiedererkennen und erklären.		

Dieses Stufenblatt wurde am _____ erreicht.

Unterschrift Erzieher/in: _____ Unterschrift Kind: _____

Kriterienblatt Atelier / Stufe 2

Nr.	Kompetenz	Kriterien
1	Du kannst Stifte und Kreide zum Malen verwenden.	*Das Kind kann mit sicherem Griff eine durchgehende Spur mit Stiften herstellen.*
2	Du malst mit Pinsel und Farbe.	*Das Kind versteht das Prinzip des Malens (Pinsel in Farbe tunken, malen, Pinsel hinterher auswaschen).*
3	Du kannst Materialien verbinden.	*Das Kind versteht das Prinzip des Zusammenfügens mittels Klebeband oder Klebstoff.*
4	Du kannst die Form von Papier durch Reißen oder Knüllen verändern.	*Das Kind bearbeitet Papier gezielt: knüllend, rollend,...*
5	Du kannst mit Stempeln, Korken oder Schwämmen etc. Abdrücke erzeugen.	*Das Kind hinterlässt Spuren durch Stempeln mit Korken, Schwämmen oder Rollen.*
6	Du malst Punkte mit Stift oder Pinsel.	*Das Kind weiß, wie man Punkte malt oder zeichnet.*
7	Du kannst Kreise malen.	*Das Kind weiß, wie man Kreise malt oder zeichnet.*
8	Du kannst Dinge auf Bildern wiedererkennen und erklären.	*Das Kind sagt: „Das ist ein Baum". Oder: „Das sieht aus wie..."*

Stufenblatt Atelier / Stufe 3

Name: _____ Jahr: _____

Nr.	Kompetenz	Einschätzung	Beweis
1	Du kannst verschiedene Farben benennen.		
2	Du kannst zu einer Geschichte ein Bild malen oder zeichnen.		
3	Du kannst ein Objekt gestalten.		
4	Du kannst dein Bild oder Objekt präsentieren.		
5	Du kannst etwas zu einem Kunstwerk erzählen.		
6	Du kannst deinen Arbeitsplatz aufräumen.		

Dieses Stufenblatt wurde am _____ erreicht.

Unterschrift Erzieher/in: _____ Unterschrift Kind: _____

Kriterienblatt Atelier / Stufe 3

Nr.	Kompetenz	Kriterien
1	Du kannst verschiedene Farben benennen.	*Das Kind kann Grundfarben und einfache Mischfarben benennen.*
2	Du kannst zu einer Geschichte ein Bild malen oder zeichnen.	*Das Kind kann den Inhalt einer Geschichte, die es gehört hat, in eine sichtbar darauf bezogene Bildgestaltung umsetzen.*
3	Du kannst ein Objekt gestalten.	*Das Kind kann ein plastisches Objekt herstellen, indem es Materialien verformt oder verbindet.*
4	Du kannst dein Bild oder Objekt präsentieren.	*Das Kind kann erklären, was sein Bild darstellt oder wie es entstand.*
5	Du kannst etwas zu einem Kunstwerk erzählen.	*Das Kind kann erzählen, was auf dem Bild zu sehen ist, wie das Bild entstand oder was das Besondere daran ist.*
6	Du kannst deinen Arbeitsplatz aufräumen.	*Das Kind kann Materialien nach der Benutzung reinigen und wegräumen.*

Stufenblatt Bewegung / Stufe 1

Name: _____ Jahr: _____

Nr.	Kompetenz	Einschätzung	Beweis
1	Du krabbelst oder robbst.		
2	Du kannst dich aus dem Sitz in den Stand hochziehen.		
3	Du kannst einen Ball anstoßen und zum Rollen bringen.		
4	Du kannst an der Hand des Erwachsenen oder durch Festhalten an Gegenständen aufrecht laufen.		
5	Du kannst frei laufen.		
6	Du stehst ohne Hilfe auf.		
7	Du verwendest den Pinzettengriff.		
8	Du kannst einen großen Ball rollen.		
9	Du kannst Türme aus fünf oder mehr Steinen bauen.		
10	Du kannst in die Hände klatschen.		
11	Du zeigst mit dem Zeigefinger auf Gegenstände oder Personen.		
12	Du machst Bewegungen nach.		
13	Du kannst auf einen Stuhl klettern.		
14	Du kennst einige Körperteile und kannst darauf zeigen.		

Dieses Stufenblatt wurde am _____ erreicht.

Unterschrift Erzieher/in: _____   Unterschrift Kind: _____

Kriterienblatt Bewegung / Stufe 1

Nr.	Kompetenz	Kriterien
1	Du krabbelst oder robbst.	*Das Kind kann sich in der Bauchlage fortbewegen, indem es Arme und Beine benutzt.*
2	Du kannst dich aus dem Sitz in den Stand hochziehen.	*Das Kind kann sich aufrichten, indem es sich an Gegenständen hochzieht.*
3	Du kannst einen Ball anstoßen und zum Rollen bringen.	*Das Kind kann einen Ball rollen.*
4	Du kannst an der Hand des Erwachsenen oder durch Festhalten an Gegenständen aufrecht laufen.	*Das Kind versucht aufrecht zu laufen, indem es sich an Gegenständen oder an der Hand des Erwachsenen festhält.*
5	Du kannst frei laufen.	*Das Kind läuft.*
6	Du stehst ohne Hilfe auf.	*Das Kind kann sich alleine aufrichten und verfügt über das dazu nötige Gleichgewicht.*
7	Du verwendest den Pinzettengriff.	*Das Kind kann mit Zeigefinger und Daumen kleine Gegenstände aufnehmen.*
8	Du kannst einen großen Ball rollen.	*Das Kind kann das Gleichgewicht bei einer Ausholbewegung mit den Armen halten.*
9	Du kannst Türme aus fünf oder mehr Steinen bauen.	*Das Kind kann Auge, Hand und Krafteinsatz gezielt koordinieren.*
10	Du kannst in die Hände klatschen.	*Das Kind kann die Handflächen mehrfach zusammenführen.*
11	Du zeigst mit dem Zeigefinger auf Gegenstände oder Personen.	*Das Kind kann Mittelfinger, Ringfinger, kleinen Finger und Daumen anwinkeln, den Zeigefinger separat strecken und bewusst auf etwas hinweisen.*
12	Du machst Bewegungen nach.	*Das Kind kann im Bewegungsspiel stampfen, klatschen,...*
13	Du kannst auf einen Stuhl klettern.	*Das Kind kann aus eigener Muskelkraft auf einen Stuhl gelangen, sich festhalten, Hände, Arme und Beine gezielt platzieren.*
14	Du kennst einige Körperteile und kannst darauf zeigen.	*Das Kind kann auf die Frage „Zeige mir deinen...?" korrekt zeigend antworten.*

Stufenblatt Bewegung / Stufe 2

Name: _____   Jahr: _____

Nr.	Kompetenz	Einschätzung	Beweis
1	Du kannst mit beiden Beinen springen.		
2	Du kannst Dreirad fahren.		
3	Du kannst Treppen im Wechselschritt hoch und runter steigen.		
4	Du kannst bei Spielen Bewegungsabläufe nachahmen.		
5	Du kannst einen Ball über kurze Entfernung werfen und fangen.		
6	Du kannst dein Gleichgewicht beim Balancieren halten.		
7	Du kannst gezielt pusten.		
8	Du kannst Wasser sicher in eine Tasse eingießen.		
9	Du kannst wichtige Körperteile benennen und zeigen.		
10	Du weißt, was Junge und Mädchen unterscheidet.		

Dieses Stufenblatt wurde am _____ erreicht.

Unterschrift Erzieher/in: _____   Unterschrift Kind: _____

Kriterienblatt Bewegung / Stufe 2

Nr.	Kompetenz	Kriterien
1	Du kannst mit beiden Beinen springen.	*Das Kind kann beidbeinig von einer flachen Erhöhung oder über ein niedriges Hindernis springen.*
2	Du kannst Dreirad fahren.	*Das Kind kann die Beinmuskulatur in einer zyklischen Bewegungsabfolge steuern.*
3	Du kannst Treppen im Wechselschritt Treppen hoch und runter steigen.	*Das Kind beherrscht den Wechselschritt mit oder ohne Festhalten am Geländer.*
4	Du kannst bei Spielen Bewegungsabläufe nachahmen.	*Das Kind kann in einer vorgegebenen Reihenfolge stampfen, klatschen, schleichen,...*
5	Du kannst einen Ball über kurze Entfernung werfen und fangen.	*Das Kind wirft und fängt einen großen, weichen Ball, wenn er ihm direkt zugeworfen wird.*
6	Du kannst dein Gleichgewicht beim Balancieren halten.	*Das Kind kann auf breitem, leicht erhöhtem Untergrund balancieren (mit den Füßen nebeneinander).*
7	Du kannst gezielt pusten.	*Das Kind kann einen Watteball wegpusten, eine Kerze auspusten,...*
8	Du kannst Wasser sicher in eine Tasse eingießen.	*Das Kind kann Entfernungen und Krafteinsatz einschätzen. Es kleckert nur wenig daneben.*
9	Du kannst wichtige Körperteile benennen und zeigen.	*Das Kind kann z. B. „Augen", „Nase", „Mund", „Ohren", „Hände" zeigen und benennen.*
10	Du weißt, was Junge und Mädchen unterscheidet.	*Das Kind kann Junge und Mädchen benennen.*

Stufenblatt Bewegung / Stufe 3

Name: _____ Jahr: _____

Nr.	Kompetenz	Einschätzung	Beweis
1	Du kannst auf schmalen Rändern balancieren.		
2	Du kannst auf einem Bein stehend hüpfen.		
3	Du kannst alleine schaukeln.		
4	Du kannst mit zwei Fingern feine Gegenstände greifen.		
5	Du kannst sicher mit Messer und Gabel essen.		
6	Du kannst dich selbst an- und ausziehen.		
7	Du kannst gesunde und ungesunde Nahrungsmittel unterscheiden.		

Dieses Stufenblatt wurde am _____ erreicht.

Unterschrift Erzieher/in: _____ Unterschrift Kind: _____

Kriterienblatt Bewegung / Stufe 3

Nr.	Kompetenz	Kriterien
1	Du kannst auf schmalen Rändern balancieren.	*Das Kind kann das Gleichgewicht auf einer minimierten Standfläche halten und kleine Schritte machen.*
2	Du kannst auf einem Bein stehend hüpfen.	*Das Kind kann das Gleichgewicht in der Bewegung halten. Zum Beispiel: Fünf Sekunden auf einem Bein stehen und fünf Mal hintereinander hüpfen, ohne das Gleichgewicht zu verlieren.*
3	Du kannst alleine schaukeln.	*Das Kind kann mit den Beinen Schwung holen und das Körpergewicht nach vorn und hinten verlagern.*
4	Du kannst mit zwei Fingern feine Gegenstände greifen.	*Das Kind kann mit dem Zeigefinger, Mittelfinger und Daumen ein Halte- oder Greifwerkzeug bilden, z.B. der Pinzettengriff, um einen Stift zu halten.*
5	Du kannst sicher mit Messer und Gabel essen.	*Das Kind kann mit dem Messer schneiden, streichen und Nahrung auf die Gabel schieben oder mit der Gabel etwas Geschnittenes aufspießen.*
6	Du kannst dich selbst an- und ausziehen.	*Das Kind kann selbst erkennen, wo bei Kleidungsstücken oben oder unten ist und über welche Körperteile sie gezogen werden.*
7	Du kannst gesunde und ungesunde Nahrungsmittel unterscheiden.	*Das Kind kennt Oberbegriffe: „Obst", „Gemüse", „Süßigkeiten". Es kann Früchte von Süßigkeiten unterscheiden.*

Stufenblatt Musik / Stufe 1

Name: _____ Jahr: _____

Nr.	Kompetenz	Einschätzung	Beweis
1	Du kannst lallend, plappernd oder mit Singsang Töne erzeugen.		
2	Du untersuchst, ob Gegenstände sich zum Erzeugen von Tönen eignen.		
3	Du kannst motorisch aktiv auf Musik reagieren.		
4	Du versuchst, nach Musikstücken zu tanzen.		
5	Du versuchst, Lieder mit den Händen klatschend zu begleiten.		

Dieses Stufenblatt wurde am _____ erreicht.

Unterschrift Erzieher/in: _____ Unterschrift Kind: _____

Kriterienblatt Musik / Stufe 1

Nr.	Kompetenz	Kriterien
1	Du kannst lallend, plappernd oder mit Singsang Töne erzeugen.	*Wenn das Kind Töne erzeugt, lassen sich Ansätze von Melodie und Rhythmus erkennen.*
2	Du untersuchst, ob Gegenstände sich zum Erzeugen von Tönen eignen.	*Das Kind untersucht Gegenstände durch Beklopfen, Schütteln, Fallenlassen,...*
3	Du kannst motorisch aktiv auf Musik reagieren.	*Das Kind nickt mit dem Kopf, wippt mit dem Fuß oder schaukelt mit dem ganzen Körper zur Musik.*
4	Du versuchst, nach Musikstücken zu tanzen.	*Das Kind bewegt sich mit dem ganzen Körper oder mit Körperteilen zu Musik.*
5	Du versuchst, Lieder mit den Händen klatschend zu begleiten.	*Das Kind klatscht im Rhythmus, ohne ihn durchweg halten zu können.*

Stufenblatt Musik / Stufe 2

Name: _____ Jahr: _____

Nr.	Kompetenz	Einschätzung	Beweis
1	Du kannst kleinen Musikstücken und Liedern zuhören.		
2	Du kennst Strampelverse, Kniereiter und kannst selbstständig Bewegungen dazu ausführen.		
3	Du kannst auf einfachen Musikinstrumenten Töne erzeugen.		
4	Du singst mit Erwachsenen Töne nach.		
5	Du singst Kinderlieder (teilweise) nach.		

Dieses Stufenblatt wurde am _____ erreicht.

Unterschrift Erzieher/in: _____   Unterschrift Kind: _____

Kriterienblatt Musik / Stufe 2

Nr.	Kompetenz	Kriterien
1	Du kannst kleinen Musikstücken und Liedern zuhören.	*Das Kind hört Musikstücken und Liedern konzentriert zu.*
2	Du kennst Strampelverse, Kniereiter und kannst selbstständig Bewegungen dazu ausführen.	*Das Kind zeigt, dass es den Ablauf solcher Musikstücke kennt und unterscheiden kann.*
3	Du kannst auf einfachen Musikinstrumenten Töne erzeugen.	*Das Kind kann mit der Rassel, der Trommel oder mit Glöckchen Töne erzeugen.*
4	Du singst mit Erwachsenen Töne nach.	*Das Kind versucht, vorgegebene Töne nachzuahmen.*
5	Du singst Kinderlieder (teilweise) nach.	*Das Kind singt bekannte Liedanfänge und Melodieanfänge nach.*

Stufenblatt Musik / Stufe 3

Name: _____   Jahr: _____

Nr.	Kompetenz	Einschätzung	Beweis
1	Du weißt, was laut und leise, schnell und langsam, hoch und tief in der Musik heißt.		
2	Du weißt, wie du geeignete Alltagsgegenstände als Musikinstrumente verwenden kannst.		
3	Du kennst einige Lieder und kannst sie singen.		
4	Du kannst einfache Rhythmen halten.		
5	Du kannst gemeinsam mit anderen Kindern nach festgelegten Abläufen singen oder tanzen.		
6	Du kennst einige Instrumente aus unserem Kulturkreis.		
7	Du singst eigene Liedchen und wiederholst sie.		

Dieses Stufenblatt wurde am _____ erreicht.

Unterschrift Erzieher/in: _____   Unterschrift Kind: _____

Kriterienblatt Musik / Stufe 3

Nr.	Kompetenz	Kriterien
1	Du weißt, was laut und leise, schnell und langsam, hoch und tief in der Musik heißt.	*Das Kind kann einfache Eigenschaften von Musik beim Hören benennen.*
2	Du weißt, wie du geeignete Alltagsgegenstände als Musikinstrumente verwenden kannst.	*Das Kind kann durch Blasen in Rohre, durch Trommeln auf Hohlkörpern oder auf andere Weise Klänge oder Rhythmen erzeugen.*
3	Du kennst einige Lieder und kannst sie singen.	*Das Kind kennt mindestens fünf Lieder, die es mit Unterstützung singen kann. Es kann einfache Melodien wiedergeben.*
4	Du kannst einfache Rhythmen halten.	*Das Kind kann einen Takt schlagen.*
5	Du kannst gemeinsam mit anderen Kindern nach festgelegten Abläufen singen oder tanzen.	*Das Kind kann gemeinsam aufgestellte Regeln bei Tanzspielen umsetzen.*
6	Du kennst einige Instrumente aus unserem Kulturkreis.	*Das Kind kann zum Beispiel Gitarre, Klavier, Trompete und Geige benennen. Es hat eine Vorstellung davon, wie man mit diesen Instrumenten Klänge erzeugen kann.*
7	Du singst eigene Liedchen und wiederholst sie.	*Das Kind singt, zum Beispiel im Spiel, spontan erfundene Liedchen, die bekannten Liedern ähneln können.*

Stufenblatt Universum / Stufe 1

Name: Jahr:

Nr.	Kompetenz	Einschätzung	Beweis
1	Du untersuchst im Spiel das Fallen der Dinge.		
2	Du untersuchst die Objekt-konstanz.		
3	Du untersuchst, wie Dinge sich durch Bewegung verändern.		
4	Du untersuchst, wie sich Dinge durch Verbinden verändern.		

Dieses Stufenblatt wurde am   erreicht.

Unterschrift Erzieher/in: Unterschrift Kind:

Kriterienblatt Universum / Stufe 1

Nr.	Kompetenz	Kriterien
1	Du untersuchst im Spiel das Fallen der Dinge.	*Das Kind lässt Dinge fallen oder wirft sie, um die Bewegung der Dinge zu beobachten. Es beobachtet den Fluss des Wassers.*
2	Du untersuchst die Objektkonstanz.	*Das Kind versteckt Dinge und sucht sie. Es spielt das „Kuckuck"-Spiel.*
3	Du untersuchst, wie Dinge sich durch Bewegung verändern.	*Das Kind interessiert sich für Kreisel, transportiert Dinge mit Körperkraft und Fahrzeugen.*
4	Du untersuchst, wie sich Dinge durch Verbinden verändern.	*Das Kind interessiert sich für das Ineinanderstecken von Dingen.*

Stufenblatt Universum / Stufe 2

Name: _____   Jahr: _____

Nr.	Kompetenz	Einschätzung	Beweis
1	Du weißt etwas über die Lebensbedingungen von Pflanzen.		
2	Du weißt etwas über die Lebensbedingungen von Tieren.		
3	Du weißt etwas über die Funktionsweise von technischen Geräten und Fahrzeugen.		
4	Du kannst einfache technische Geräte an- und ausschalten.		

Dieses Stufenblatt wurde am _____ erreicht.

Unterschrift Erzieher/in: _____   Unterschrift Kind: _____

Kriterienblatt Universum / Stufe 2

Nr.	Kompetenz	Kriterien
1	Du weißt etwas über die Lebensbedingungen von Pflanzen.	*Das Kind weiß, dass Pflanzen in Erde wachsen und Wasser brauchen. Es weiß, dass die Gemüsearten Pflanzen sind.*
2	Du weißt etwas über die Lebensbedingungen von Tieren.	*Das Kind weiß, dass Tiere Lebewesen sind. Es weiß, dass das Fleisch von Tieren stammt.*
3	Du weißt etwas über die Funktionsweise von technischen Geräten und Fahrzeugen.	*Das Kind weiß, dass Flugzeuge und Fahrzeuge von Menschen hergestellte Dinge sind. Es weiß, dass technische Geräte Strom brauchen.*
4	Du kannst einfache technische Geräte an- und ausschalten.	*Das Kind kann eine Lampe oder eine Musikanlage an- und ausschalten.*

Stufenblatt Mathematik / Stufe 1

Name: _____   Jahr: _____

Nr.	Kompetenz	Einschätzung	Beweis
1	Du spielst Bauspiele mit Bauklötzen.		
2	Du kannst Dinge nach Über-einstimmungen/Ähnlichkei-ten sortieren.		
3	Du verstehst die Begriffe „groß" und „klein".		

Dieses Stufenblatt wurde am _____ erreicht.

Unterschrift Erzieher/in: _____   Unterschrift Kind: _____

Kriterienblatt Mathematik / Stufe 1

Nr.	Kompetenz	Kriterien
1	Du spielst Bauspiele mit Bauklötzen.	*Das Kind kann Bauklötze sicher stapeln und dadurch bestimmte Formwirkungen erzielen.*
2	Du kannst Dinge nach Übereinstimmungen/ Ähnlichkeiten sortieren.	*Das Kind kann Dinge auf ihren klar definierten Platz räumen. Es zeigt Interesse, farblich ähnliche Gegenstände einander zuzuordnen, z.B. beim Bauen mit bunten Bausteinen.*
3	Du verstehst die Begriffe „groß" und „klein".	*Das Kind kann z.B. Stofftiere nach der Größe sortieren, um „Familien" zu bilden.*

Stufenblatt Mathematik / Stufe 2

Name: Jahr:

Nr.	Kompetenz	Einschätzung	Beweis
1	Du beherrschst Lagewörter wie: „unter", „über", „in", „auf", „neben", „hinter" und „vor".		
2	Du kennst die Zahlen von 1 bis 5.		
3	Du verstehst Wörter wie: „viele", „einige", „wenige".		
4	Du erkennst Übereinstimmungen/Ähnlichkeiten in Bezug auf Längen.		
5	Du erkennst Übereinstimmungen/Ähnlichkeiten in Bezug auf die Größe von Dingen.		
6	Du verstehst die Zahlenbegriffe 1, 2, 3.		
7	Du kannst einfache Puzzles legen.		

Dieses Stufenblatt wurde am   erreicht.

Unterschrift Erzieher/in: Unterschrift Kind:

Kriterienblatt Mathematik / Stufe 2

Nr.	Kompetenz	Kriterien
1	Du beherrschst Lagewörter wie: „unter", „über", „in", „auf", „neben", „hinter" und „vor".	*Das Kind kann der Aufforderung „Gehe neben, hinter, vor…" folgen.*
2	Du kennst die Zahlen von 1 bis 5.	*Das Kind kann ohne Hilfe bis 5 zählen.*
3	Du verstehst Wörter wie: „viele", „einige", „wenige".	*Das Kind kann der Aufforderung „Hol mir bitte viele/einige Bausteine" folgen.*
4	Du erkennst Übereinstimmungen/Ähnlichkeiten in Bezug auf Längen.	*Das Kind kann erkennen, was gleich lang, länger oder kürzer ist.*
5	Du erkennst Übereinstimmungen/Ähnlichkeiten in Bezug auf die Größe von Dingen.	*Das Kind kann Ähnlichkeiten in Bezug auf die Größe von Dingen („Gib mir bitte Klötze, die gleich groß sind.") richtig benennen.*
6	Du verstehst die Zahlenbegriffe 1, 2, 3.	*Das Kind kann der Aufforderung „Gib mir bitte drei Dinge" folgen.*
7	Du kannst einfache Puzzles legen.	*Das Kind kann ein Puzzle mit mindestens acht Teilen legen.*

Stufenblatt Soziale Entwicklung / Stufe 1

Name: Jahr:

Nr.	Kompetenz	Einschätzung	Beweis
1	Du kannst Vertrauen und Sicherheit empfinden, wenn Erwachsene bei dir sind.		
2	Du kannst Vertrauen und Sicherheit empfinden, auch wenn Erwachsene außer Sichtweite sind.		
3	Du kannst dich auf Körperkontakt einlassen.		
4	Du kannst Gefühle zeigen und ausdrücken.		
5	Du kannst Mitgefühl gegenüber anderen Menschen zeigen.		
6	Du kannst ein Nein akzeptieren.		
7	Du kannst bekannte Regeln einhalten.		
8	Du nimmst freundlich Kontakt zu Gleichaltrigen auf.		
9	Du kannst mit anderen zusammen spielen oder gemeinsam etwas unternehmen.		
10	Du kannst warten, bis du an der Reihe bist.		
11	Du kannst anderen Menschen helfen.		
12	Du kannst Spielregeln einhalten.		

Dieses Stufenblatt wurde am   erreicht.

Unterschrift Erzieher/in: Unterschrift Kind:

Stufenblatt Soziale Entwicklung / Stufe 2

Name: Jahr:

Nr.	Kompetenz	Einschätzung	Beweis
1	Du traust dich, „Nein" zu sagen.		
2	Du kannst sagen, wie du dich fühlst.		
3	Du kannst dich um Freunde kümmern.		
4	Du kannst anderen Menschen helfen.		
5	Du hängst deine Kleidung auf.		
6	Du hilfst beim Aufräumen.		
7	Du gehst mit den Sachen vorsichtig um.		
8	Du folgst den Regeln.		
9	Du kannst zuhören, wenn andere Menschen erzählen.		
10	Du bist freundlich zu anderen Kindern.		
11	Du kannst mit anderen Menschen teilen.		
12	Du kannst warten, bis du an der Reihe bist.		
13	Du kannst Spielregeln einhalten und auch mal verlieren.		

Dieses Stufenblatt wurde am   erreicht.

Unterschrift Erzieher/in: Unterschrift Kind:

Formular: Näher beobachten!

Kind	Stufenliste	Kompetenz	Datum / Situation der Beobachtung	Einschätzung

Formular: Stufen auswerten

Tabelle A: Ergebnisse Stufenauswertung

Stufenauswertung

Gruppe: Datum:

Stufe	Bildungs-bereich: Bewegung	Bildungs-bereich: Musik	Bildungs-bereich: Atelier	Bildungs-bereich: Universum	Bildungs-bereich: Mathematik	Sprach-entwicklung	Mittelwert Spalte 1-6
4							
3							
2							
1							
Durch-schnittswert:							

Tabelle B: Gesamtübersicht Krippe

Stufenauswertung

Erfasster Bereich: Datum:

Stufe	Gruppe	Gruppe	Gruppe	Gruppe	Gruppe	Mittelwert
4						
3						
2						
1						
Durchschnitts-wert:						

Formular: Stufen auswerten

Tabelle C: Entwicklung der Gruppe in Bezug auf die Mittelwerte

<u>Stufenauswertung</u>

Gruppe: Erfasster Bereich: Datum:

Stufe	Nach 1 Halbjahr	Nach 1 Jahr	Nach 1,5 Jahren	Nach 2 Jahren	Nach 2,5 Jahren
4					
3					
2					
1					
Durchschnittswert:					

Formular: Materialplanung

Ziel / Gruppe	Benötigtes Material	Termin

82

Formular: Lotusplan

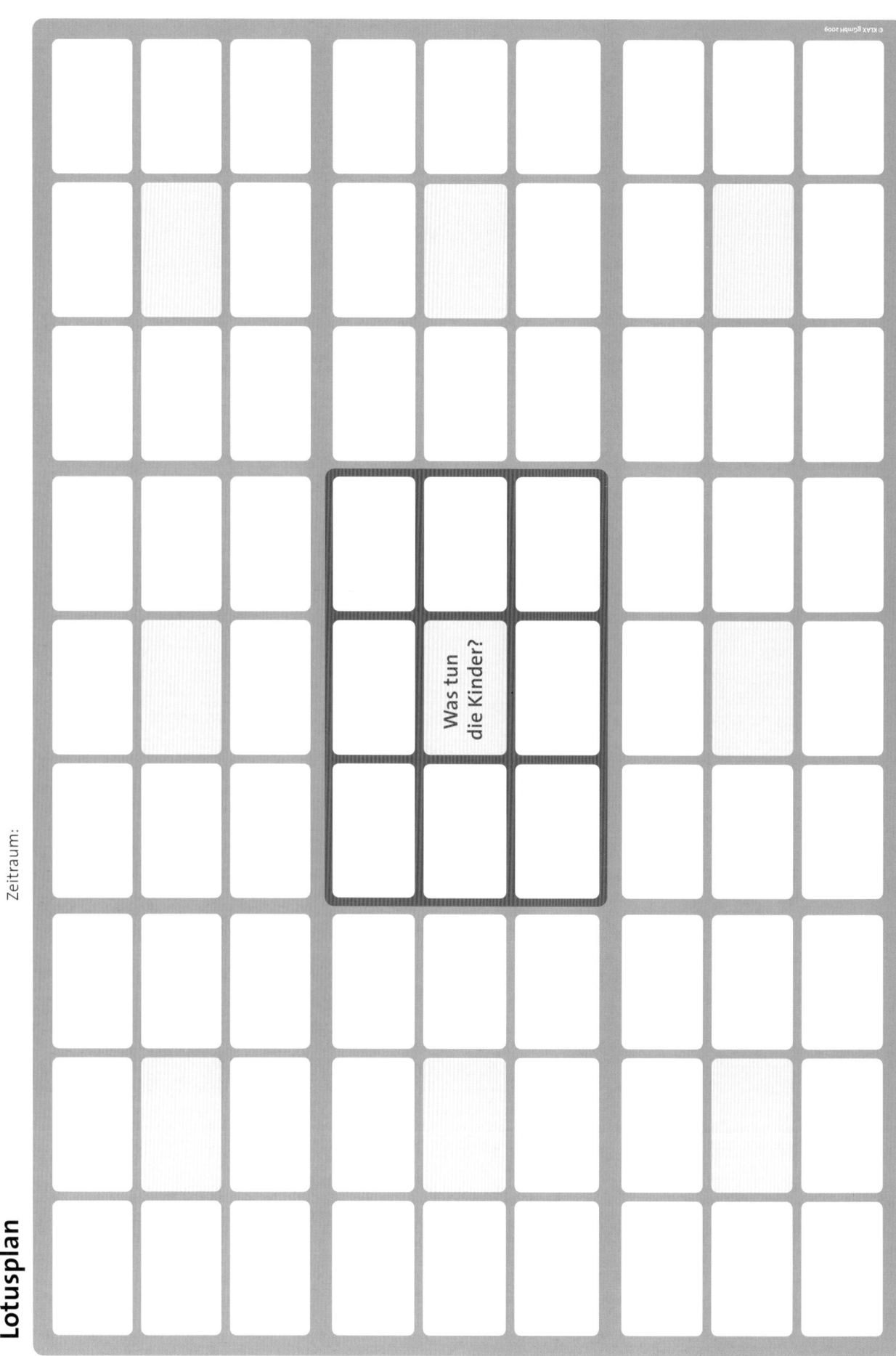

Lotusplan

Zeitraum:

Was tun die Kinder?

© KLAX BGmbH 2009

Formular: Ziele dokumentieren

Bildungsbereich:

| Unsere Ziele des Monats: |
| |
| |

| Geplante Angebote: |
| |
| |

Dokumentation:

Foto

Foto

Foto

Foto

Formular: Ziele verabreden

Name: _____   Jahr: _____

Ein gemeinsames Ziel

_____   _____   _____

_____   _____   _____

_____   _____   _____

_____   _____   _____

_____   Unser Ziel: _____

_____   _____   _____

_____   _____   _____

_____   _____   _____

_____   _____   _____

Erreicht?

_____

_____

_____

Eltern und Erzieher müssen eng zusammenarbeiten,
um das Kind in seiner Entwicklung zu begleiten.
Manchmal ist es gut, gemeinsam Schritte zu verabreden,
wie wir zusammenarbeiten wollen.

Formular: „Geschafft! Gelernt!"

Name: _____ Jahr: _____

Foto

Das hast du dazu gelernt:

_____

_____

So hast du es geschafft:

_____

_____

_____

_____

Bestätigung des Erziehers, der Erzieherin und der Eltern

Alleine anziehen, Schuhe zubinden, Fahrrad fahren, pfeifen, oder, oder...
Was hast du gerade Tolles gelernt? Und wie hast du es gelernt? Deine
Erzieherin oder deine Eltern können hier festhalten, was du Neues kannst.
Oder du selbst malst es hier auf!

Formular: „Das gefällt mir gut!"

Name: _____   Jahr: _____

Das gefällt mir gut an deinem Portfolio:

_____

_____

_____

_____

_____

Das wünsche ich dir:

_____

_____

_____

_____

_____

_____

Unterschriften

Auf diesem Blatt können Eltern und Erzieher beschreiben, welche Seiten
ihnen in dieser Mappe besonders gut gefallen. Sie können dem Kind gute
Wünsche für sein weiteres Lernen aufschreiben.

Herausgeberin, Autor und Verlag

Antje Bostelmann

Antje Bostelmann ist ausgebildete Erzieherin und bildende Künstlerin. 1990 gründete sie KLAX, anfangs als private Malschule und Nachmittagsbetreuung mit künstlerischem Schwerpunkt, heute ein überregionaler Bildungsträger mit Krippen, Kindergärten und Schulen in Deutschland und Schweden. Sie entwickelte die KLAX-Pädagogik, ein modernes pädagogisches Konzept, welches das Kind in den Mittelpunkt der pädagogischen Arbeit stellt und das allen KLAXEinrichtungen zu Grunde liegt. Als Erfinderin der KLAX-Pädagogik ist sie maßgeblich an der Etablierung der Portfolioarbeit und des selbstorganisierten Lernens in Deutschland beteiligt. Dabei engagiert sie sich für einen europaweiten pädagogischen Austausch und für die Umsetzung der von der UN in der Welt-Dekade „Bildung für nachhaltige Entwicklung" ausgerufenen Inhalte. Sie entwickelt Lern- und Spielmaterialien für die Arbeit in Kindergarten und Krippe und ist als Referentin bei internationalen Kongressen, Workshops und Fortbildungen sehr gefragt. Seit 1995 hat sie zahlreiche pädagogische Fachbücher veröffentlicht, darunter viele Bestseller. Antje Bostelmann ist Mutter von drei Kindern und lebt in Berlin.

Michael Fink

Michael Fink hat an der Universität der Künste Berlin Bildende Kunst auf Lehramt studiert. Nach mehrjähriger Tätigkeit an einer Grundschule begann er seine mittlerweile langjährige Zusammenarbeit mit KLAX. Er entwickelte dort mit und für Kolleginnen aus der Praxis Konzepte für die Arbeit in Kinderateliers, Portfolio-und Krippenarbeit. Michael Fink hat an vielen KLAX-Veröffentlichungen als Autor mitgewirkt, eigene kunstpädagogische Bücher und zahlreiche Fachartikel verfasst. Michael Fink ist Vater von drei Töchtern und lebt in Berlin.

Bananenblau Verlag

Der Bananenblau Verlag wurde 2010 von Antje Bostelmann gegründet. Als Praxisverlag für Pädagogen besteht das Ziel von Bananenblau in der Veröffentlichung pädagogischer Fachpublikationen, die sich durch ihre Aktualität und ihren praktischen Bezug auszeichnen. Die Praxisbücher sollen Pädagogen eine Hilfe sein und ihnen wertvolle Anregungen und Tipps für den Berufsalltag geben. Fundament der Arbeit des Bananenblau Verlags bildet die langjährige Praxiserfahrung im Bereich der Pädagogik.

Tipps zum Weiterlesen

Bostelmann, Antje (Hrsg.):
Das Portfolio-Konzept
für die Krippe
Verlag an der Ruhr 2008

**Elschenbroich, Donata/
Schweitzer, Otto (Hrsg.):**
Das Portfolio für den Kindergarten.
Ein Entwicklungstagebuch,
geführt vom Kind und seinen
Bildungsbegleitern
Verlag das Netz 2008

**Fthenakis, Wassilios E./
Oberhuemer, Pamela (Hrsg.):**
Frühpädagogik international.
Bildungsqualität im Blickpunkt.
Leske und Budrich 2004

Krok, Göran/Lindewald, Maria:
Portfolio im Kindergarten
Das schwedische Modell.
Lernschritte dokumentieren,
reflektieren, präsentieren
Verlag an der Ruhr 2007

Largo, Remo:
Kinderjahre: Die Individualität
des Kindes als erzieherische Her-
ausforderung
Piper 2009

Largo, Remo:
Babyjahre: Die frühkindliche Ent-
wicklung aus biologischer Sicht
Piper 2003

**Tietze, Wolfgang/Viernickel,
Susanne u.a. (Hrsg.):**
Pädagogische Qualität in
Tageseinrichtungen für Kinder.
Ein nationaler Kriterienkatalog.
Beltz Verlag 2007

Van Dieken, Christel:
Was Krippenkinder brauchen:
Bildung, Erziehung und Betreu-
ung von Unter-Dreijährigen
Herder 2009